日本の鉄道をつくった人たち

小池滋・青木栄一・和久田康雄［編］

悠書館

日本の鉄道をつくった人たち

目次

はじめに

和久田康雄

鉄道史の調査研究が専門の学者や在野の研究者の間で深まっていくにつれて、鉄道事業の経営や鉄道政策の決定にかかわった人物についての関心が高まっている。

ところで一般に人物に関する刊行物としては、特定の個人についての伝記（自伝を含む）から、何人かの人を取り上げた列伝、さらには一定範囲の人物を網羅した人名辞典といったものがある。また企業の社史の類では、経営者の略歴についてふれていることがある。

これを鉄道関係について見ると、鉄道専門家の伝記としては、村上享一著『南清伝』（一九〇九、鉄道工務所）などが早い例であった。また『日本鉄道史　上・中・下』（一九二一、鉄道省）は、本文に出てくる人名が巻末の索引に掲げられて、一種の人物辞典としても役立つものであった。列伝としては、江口胤清著『交通人物小史』（一九四一、鉄道人物列伝刊行会）などがあげられよう。

こうした伝記や列伝を執筆するには、取り上げる人物をよく知っている人が最適任である。鉄道記者として有名な青木槐三著の『国鉄を育てた人々』『鉄道黎明の人々』『国鉄繁昌記』『鉄路絢爛』（一九五〇～一九五三、交通協力会）という四部作は、著者がかつて親しく接した鉄道省高官の逸話を中心にした読物であった。

鉄道一〇〇年にあたり刊行された日本交通協会編の『鉄道先人録』（一九七二、日本停車場出版事業部）は、鉄道関係で唯一の人名辞典であり、物故者を主体に五八〇人を掲げている。

鉄道史学会では結成後間もなく、会員が共同執筆した野田正穂ほか編『日本の鉄道　成立と展開』（一九八六、日本経済評論社）をまとめ、その中では二一人を「鉄道史の人びと・人物紹介」というコラムで取り上げた。またこの会は現在、『鉄道史人物辞典』を編集中であり、そこではやはり数百人におよぶ人物を取り上げようとしている。

なお、『鉄道先人録』には国有化以後の私鉄関係者はあまり出ていない。しかし拙著『人物と事件でつづる私鉄百年史』（一九九一、電気車研究会）では、一八八二年に始まる私鉄の歴史から注目される人物を毎年ひとりずつ計一〇〇人ほど選び出して簡単に紹介している。

そうした中でこの本は、ご覧のとおり鉄道人の列伝として編集されたものである。多くの候補者の中からここには日本人一〇人と外国人（イギリス人）ふたりの計一二人を選び出しているが、これはこの編集に参画した青木栄一、小池滋の両氏と和久田が協議した結果である。

選ばれたのは、国鉄関係六人と私鉄関係六人ということになった。これは私鉄に片寄っていると見る向きもありそうだが、鉄道経営者として興味をひく個性的な人物は、鉄道省や日本国有鉄道の時代には私鉄の社長などに比べて少なかったように感じられる。

その結果、国鉄関係の六人は鉄道院時代までに活躍した人となった。まず、初期の鉄道の建設や運営に大きく貢献した人物として井上勝をあげることには、どなたも異論はないだろう。外国人としては、新橋〜横浜間の工事を担当した土木技術者のエドモンド・モレルが最初の功労者であり、建設や車両部門の技師が去った後も運輸の専門家として長く実務を指導した人にウォルター・フィンチ・ページがあった。

ついで鉄道国有化の後には、新設された鉄道院の総裁に就任して寄り合い所帯をひとつにまとめ、大きな指導力を発揮した後藤新平があった。またその後藤の配下として、車両技術の確立に手腕をふるったのが機械系の島安次郎であり、土木系の出身ながら営業関係の革新を進めたのが木下淑夫であった。

もっとも後藤らは、日本の鉄道を標準軌間に改築しようと主張して容れられず、その理想は後藤の薫陶を受けた十河信二が国鉄総裁に就任し、島安次郎の子息・島秀雄を技師長に起用して東海道新幹線を建設したことによって、半世紀後に達成される。このふたりも「日本の鉄道をつくった人」としては見逃せないが、近年よく語られていることからこの本では省略した。

私鉄の有力経営者をその活躍ぶりがよく知られるようになった年代順にあげると、一九〇〇年前後の雨宮敬次郎、一九一〇年前後の根津嘉一郎、一九二〇年前後の小林一三、一九三〇年前後の早川徳次、一九四〇年前後の五島慶太といったところがある。これに公営の代表として一九三〇年代に大阪で地下鉄を建設した関一を加えた六人を、この本ではあげることにした。

もちろん、その後も一九五〇年前後には西武の堤康次郎があり、一九六〇年前後には関東に小田急の安藤楢六、中京に名鉄の土川元夫、関西に近鉄の佐伯勇といった私鉄界の巨人たちがあった。もしこの本の続編を出す機会があれば、こうした人物もぜひ紹介したいところである。

各編の執筆は鉄道史学会の会員を中心に、これまでその人物にふれた研究の実績を持っておられる方々にお願いした。なお、掲載した人名の配列は、生年月日順としている。

第1章

エドモンド・モレル

◎

林田治男

1　貢献

本章では、初代技師長モレル（Edmund Morel）の経歴調査から浮かび上がる「教育と実務経験」を中心に、技能形成に焦点を当てていく。それを踏まえ、日本での貢献や政府首脳への建議の背景を、能力と動機という観点から探っていく。

はじめに彼の建議と功績を、伊藤博文の紹介に基づいてまとめておこう。

モレルは英人にして、濠洲に在りて建築業に従事し、忠實なる人物なりき。鐵道建築の事に就ては十分の經驗ありとは思はれざりしかど、日本の小距離鐵道を築く位の事には不足はなかりしと信ず。モレルが、日本に來りて事務に着手せしは、千八百七十年、即ち明治三年の四月にして、簡單なる見込書を余に提出したり。

彼は一八七〇年四月九日（明治三年三月九日）に来日した。[1] 一月一三日付レイ（H.N.Lay）による「別項約書」第四項に給料等の待遇面に関して述べられている技師長として、[2] 四月一二日パークスの紹介により東京で日本政府高官と面会した。[3] モレルは、一週間後の一九日付で民部兼大蔵少輔伊藤に全文八ヵ条の建議書を提出した。その中で当面の課題の東京―横浜間の工事のみならず、第五条で教育の必要性を強調し次のように述べている。

測量科に付數員の助手を要す而して其助手を多くは得學有材の日本人ならん〔日本の優秀な助手を測量科につけよ。引用者、以下同様〕且助手等信實の務は此藝術を學ぶを主とすべければ〔技術習得が彼等の本務である〕東京鐵道廨舎〔役所〕は兼て陸地建築學校となし現場實地に就かざる〔現場での仕事がない〕日は此輩をして理上の學を教導せば智識を添ゆる益あらん〔並行してOJTとoffJTを実施。晴耕雨読〕僕又欽然これが督學となる〔モレル自身が教育に当たる〕べし。

五月二八日付では、より体系的な建議を行なった。まず国家主導で公共投資を指揮監督する工部省の設置を薦め、その職務や権限に関しても具体的に提案している。

泰西諸洲英吉利を除くの外各國政府建築の諸務を管轄する爲め頗る盛大の局を建て國土生産の物財を以て眼前國内人民の幸不幸に關係する事業を起すことなれば其局を置き建築の方法を論ずる何事を捨置とも國家第一の緊務とす……（中略）各國政府管轄の建築局を置き廣大の制を建て恰も金庫會計陸海軍務及外國事務等の諸局と異なる事なし……（中略）鐵道の建築道路の補理

海港海岸の造築燈明臺鑛山等の諸件も亦此局の管轄に屬す。

他方、技師養成のため中等・高等教育機関を設立するよう、選抜試験、教育方法、図書館の重要性などを挙げながら次のように強く薦めている。

學術を教導し之を實地に施すとも總て非常の事に臨むの外歐羅巴人の手を假らずして事を遂るの時期至るべし、是に至らんには俊秀の少年を選擧し學術を教導習熟せし後年に至り銘々一事業を引受容易に遂ぐる様處置するは極めて切要なり……（中略）故に東京或は大阪に於て「スクール、インゼニール〔School Engineer〕」建築學校を創立するの切要なる今日の如きはなし[4]。

さらに、会計制度を含め事務管理組織や組織運営法も、例を挙げ制度確立を働きかけた。

技師長としての任務を忠実に履行したこと以外に、功績としては以上に加え、外貨節約・国産品使用〔ひいては国内産業の育成〕のため枕木には日本産木材を使用してもよいという姿勢・判断も掲げられる[5]。伊藤の「忠實なる人物なりき」という人物評の所以である。

すなわちモレルの功績としては、以下の四つにまとめることができる。

①初代技師長として、鉄道建設に貢献した。

②人材育成のための教育機関の設立を建議した。すなわち工部大学校や工技養成所の創設を促した。

③後発国なので民間に任せるのではなく、一括して政府主導型で公共事業を推進する工部省の設立を提起した。(6)

④国産品を使用し、外貨の節約を図ると同時に、国内産業の自立発展を促すよう勧告した。

2 誕生

モレルの「出生証明書」によれば、父 Thomas Annet Lewis Morel と母 Emily Elizabeth ÂBeckett (旧姓) の間に、一八四〇年一一月一七日、No.1 Eagle Place, St.James Square で生まれ、二六日に St.James, Westminster でその旨登録された。Eagle Place は、父がワイン商などを営んでいた "210 & 211, Piccadilly" の東側から南に伸びる路地である。(7)「ピカデリー生まれ」として差し支えない。

ところで、『英国土木学会誌』(PICE)の追悼記事には、次のように紹介されている。(8)

Mr. EDMUND MOREL, the only son of the late Mr. Thomas Morel, of Piccadilly and Notting Hill, was born on the 17th of November, 1841.

Name	Edmund（Boy）
When born	17-11-1840
Where born	No.1, Eagle Place St.James Square, Westminster
Father's name	Thomas Annet Lewis Morel
Mother's name	Emily More（A'Beckett)
Occupation of father	Italian Warehouse- man and Wine Merchant

「出生証明書」1840 年 11 月 17 日

典拠：「出生証明書」から関連事項を抜粋して、筆者が作成した。

モレルは、一八五七年二学期間のみ King's College School（ＫＣＳと略す）で学び、続いて五八年一月 King's College, London（ＫＣＬと略す）の Department of Applied Science（ＤＡＳと略す）に入学した。五七年五月四日付、ＫＣＳへの父署名の「学費納入書」によれば、誕生日が一一月一七日で当時一六歳、住所は"20 Ladbroke Villas, Notting Hill"である。[9] 五八年一月二〇日付、ＤＡＳへの「学費納入書」では、当時一七歳、誕生日と住所は同じである。

ＫＣＳとＤＡＳの「学費納入書」は、一八四〇年誕生説を裏付けている。さらに五一年 Census にあるノッティング・ヒルへの転居も補強している。それゆえＰＩＣＥの「一八四一年誕生説」は誤りと断定できる。「ピカデリーおよびノッティング・ヒルに住んでいた故トーマス・モレルの一人息子」と訳すべきである。[10]

Mon.	Tues.	Wed.	Thurs.	Fri.	Sat.
		Geology 900 – 1000		Geology 900 – 1000	
Chemistry 1015 – 1115	Mathematics, Mechanics 1015 – 1300	Mathematics, Mechanics 1015 – 1300	Mathematics, Mechanics 1015 – 1300	Chemistry 1015 – 1115	Divinity 1100 –
Mathematics 1145 – 1300				Mathematics 1145 – 1300	
Workshop 1300 – 1600	Drawing 1300 – 1600	◆Drawing, ◆Machinery & Manufacturing Art 1300 – 1600 Alternate Wed	Machinery & Manufacturing Art 1315 – 1415	Workshop 1300 – 1600	
			Divinity 1430 – 1515		

DASの時間割[12]　典拠：大学要覧をもとに、筆者が作成

3　学歴

KCSへの入学身上書の写しを含む森田嘉彦氏の問合せに対する一九九五年四月二一日付F.R.Milesからの返答（私信）によれば、モレルは一八五七年の夏学期のみKCSに在籍し、一七回以上病気欠席している。特別に表彰されていないが、品行は良好だったという。

続いてモレルはKCLに進み、五八年のLent TermはDASで学んだ。授業料は前払いで、一学期一二ポンド一七シリングだった。入学時に、諸費用を含め二学期分を前払いしなければならず、「学費納入書」によれば、KCSへの支払分六ポンド六ペンスを控除した二四ポンド三シリング六ペンスを払った。[11]

五八年 Lent Term の彼の受講科目と時間割を再現しておこう。

二〇〇七年夏、筆者はKCLで成績簿を閲覧した。彼の受講科目と出席状況と成績を紹介しよう。[13]

Divinity〔Irreg. None〕、Chapel〔R〕、Mathems〔G. F〕、Mechanics〔G. F〕、Arts of Chemistry〔G. F〕、Geology〔G. No Ex〕、Manufacg Art〔G. No Ex〕、Drawings〔G. M〕、Workshop〔Indiff F〕

モレルは、KCSでもDASでも入寮せず通学していた。[14] 基本的に三年制のDASでは、主に午前中は数学、物理、化学、地学などの基本科目が、午後は実習を含めた応用的科目が配されていた。教授陣にもケムブリッヂ大学関係者が多く、技師養成教育機関として充実していた。[15] 他の生徒と比較して、彼の成績は「並」であったと言える。

成績簿によれば、次の Easter Term は病気を名目に大部分を欠席した。後述のように彼は、五八年五月から三年余 Edwin Clark に師事した。[16] 時間割からも「学業と併行」は不可能と思われるので、DASは辞めたと考えられる。該当する五八年 Michaelmas Term 以降の成績簿が欠落しており、確認はできなかったが。

PICEやJWMの追悼記事によれば、この頃ドイツやパリの工業学校、および Woolwich の Royal Engineer で学んだという。クラークに師事しつつこの間並行して学んだのか、徒弟修業が一段落した六二年二月に結婚しその直後からオーストラリアやニュージーランドに行く前の期間に勉学したのか判然としない。後者だと、これらが合計一年間程度で、履歴が継続し無理が感じられないのだが。

五八年当時DASで学んでいた六一名の学生のうち、モレルを含めて一五名がICEに加入し、機械学会に三名が加入したことをそれらの名簿から確認できる（うち一名は重複加入）。学会加入に際しても経歴審査や推薦者数など条件は厳しく、両学会のステータスは高かった。その意味で彼は優秀な技師であったといえよう。

4　実務経験と土木学会入会

一八六五年五月、モレルはクラークの提案で英国土木学会（ICEと略す）に準会員（Associate）として加入を申請し、六名の推薦者の署名を得、所定の手続きを経て裁可された(17)。五月二九日に入会誓約書を提出し、Building Fund の四ギニーを払っている(18)。申請書の住所欄にはニュージーランドのウェリントンとあるが、当時帰国していた(19)。また準会員の加入資格は二五歳以上だが、クラークは半年不足していたにもかかわらず提案・推薦している。それを承知の上で、彼が遠隔地で仕事していることを勘案し推挙したと考えられる。

Name of Student at full length	Edmund Morel
Age last Birthday, with date	17 – 17th November
Name and Address of Parent or Guardian	Thos Morel Esq. 20 Ladbroke Villas, Notting Hill
Under whose care the Student has been educated	King's College School
Student's Residence in London	Ladbroke Villas

Department of Applied Science の「学費納入書」
典拠：King's College, London への「学費納入書」から関連事項を抜粋して、筆者が作成した。

クラークによる手書き推薦文は経歴を確定するうえで重要と考えられるので、全文を再現しておこう。

After serving a regular period of pupilage in my office, he practiced on his own account for about 8 months as a Civil Engineer at Melbourne and engaged for about 5 months as Assistant Engineer to the Provincial Government of Otago, New Zealand, and for about 7 months was Chief Engineer to the Provincial Government of Wellington.

合計約二年弱の豪州、NZで従事した仕事は整理すると次のようになる。
メルボルン（豪州）でCivil Engineerとして八カ月間自営。
オタゴ（NZ南島南端の州）地方政府のAssistant

Engineer として五ヵ月。
ウェリントン（NZ）地方政府の Chief Engineer として七ヵ月。
技師になってからICE加入までの彼の経歴をまとめておこう。
①ICE会員だった Edwin Clark に、五八年五月から三年余師事した。
②その後、計約二年間豪州、NZで技師の仕事に従事した。
豪州やNZで、鉄道建設に従事していたとは述べていない。
以上、ICE加入申請書（他にもJWM追悼記事やPICE追悼記事が踏襲）による。
③六二年五月、クラークの提案と規定の加入者の推薦により、ICEに準会員として加入。
準会員加入規定の二五歳に半年足りなかったが。
④五月の入会時から、一〇月ラブアンに向け出発するまで英国に滞在していたと思われる。

5　ラブアン勤務

一八六五年五月のICE加入後の経歴に関して、JWM追悼記事では五年近く、PICE追悼記事では六九年健康を害し南豪州に移るまで、モレルはボルネオの Labuan 島にいたとなっている。[20]
ICEの名簿では、六六年一月〜六七年八月まで Wellington, New Zealand、六八年一〜七月は単に

Labuan、六九年二月〜七一年四月はThe China Steam Ship Co. Labuan（および七一年七月はImperial Government Railways, Yokohama, Japan）となっている。[21] 英国植民地省などの一連の公文書も、その頃同島にいたことを実証している。[22]

六一年六月二六日、Labuan Coal Company（LCCと略す）が設立された。[23] 六二年六月に石炭試掘の報告があり、六三年九月にブルネイのサルタンに炭鉱の賃借料が支払われている。六五年四月の埋蔵量、採掘量、配送に関する報告を受け、六月鉄道敷設が提案された。ラブアン政庁のある南部のVictoria Harbour（現バンダル・ラブアン）から、北部の炭鉱にいたる路線が計画された。採掘資材を炭鉱に運び、採掘した石炭を町や港に輸送するために使用する路線であった。[24]

The China Steam Ship and Labuan Coal Company（CSLCと略す[25]）により、この鉄道敷設計画の管理者兼技師としてモレルが派遣された。E. Cardwell はラブアン提督J. T. F.Callaghan宛に六五年一〇月一一日付の手紙で、同島に向けてモレルが英国を出航したから宜しくと伝えた。[26] 彼は六六年一月同島に到着し、早速測量を始めた。二月に始発駅を港の西側から東側に変更することも含め、延長七マイル強、総建設費用を三万ポンド弱と見積もった。[27] 彼は測量の途中に石油が噴出しているのを発見したり、労働力の確保に頭を痛め囚人労働や中国人苦力の導入確保を検討・要請したが実現しなかった。ＰＩＣＥ追悼記事に拠れば、石炭採掘用の立抗も掘ったという。[28] 他方、六八年頃には治安も悪化し、義勇軍ライフル部隊が組織されると参加し

現在の Labuan（政庁などがあった往時の Victoria Harbour）
筆者撮影、2006 年 1 月

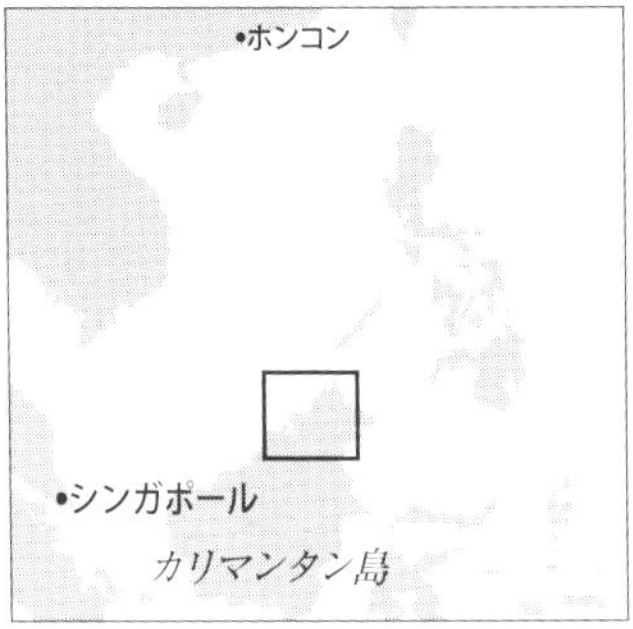

た。彼は熱心に誠実に職務を遂行したようで、会社側は高く彼を評価したのみならず、提督も信頼を寄せていた[29]。

石炭採掘や鉄道建設に要する労働力確保が困難で、サルタンに支払う採掘権料も採算見通しを圧迫した[30]。Victoria 港と北部の炭鉱 Tanjung Kubung を結ぶ鉄道は、北ボルネオ会社時代に英国人技師 A.J.West により九三年に完成した。延長七マイルの軽便鉄道であった[31]。石炭だけでなく、乗客も運んだとあるが、住民ではなく炭鉱労働者だと思われる。北ボルネオ会社側資料によれば、九二年までに五マイル、九三年に八マイルが完成した。二フィート五インチのゲージで（標準軌の約半分）、総工費約三万ポンドだった[32]。鉄道完成と並行して石炭採掘量が増加したが、一九一一年石炭採掘は採算が取れなくなり、鉄道は廃線になり跡地は道路となった[33]。

ところで、モレルが何年まで在住していたかという文書は入手できていない。確認できたのは、CO-352-4 により六八年三月までである。ＪＷＭ追悼記事では、その後、南豪州で鉄道の仕事に就くはずだったのが、来日を受入れたため中止されたという。ＰＩＣＥ追悼記事では、六九年健康を害し南豪州に移動し顧問技師になり、後日本で鉄道建設の技師長に就任するため、それを辞し来日したと記してある。なお、熱帯雨林気候と治安問題、および往時の写真に英国夫人が見当たらないことから、筆者はモレルが単身でラブアンに滞在していたと推察している。

これらの経歴から、日本赴任以前、モレルには鉄道建設の実務経験はほとんどなかったといえよう。

6 結婚と来日

Name	*Condition*	*Rank of Profession*	*Residence at the Time of Marriage*	*Father's Name*	*Rank of Profession of Father*
Edmund Morel	Bachelor	Civil Engineer	St. George's Bloomsbury	Thomas Morel	Dead
Harriet Wynder	Spinster		St. Pancras	William Wynder	Dead

「結婚証明書」1862年2月4日
典拠：「結婚証明書」から関連事項を抜粋して、筆者が作成した。

「結婚証明書」によれば、モレルは一八六二年二月四日、ロンドンのSt.Pancras Churchで、未成年のHarriett Wynderと結婚した。父Thomas、夫人の父Williamも既に死亡しており、彼は当時St.George's, Bloomsburyに、新婦はSt. Pancrasに住んでいた[34]。

レイとモレルの往復書簡の概要を紹介した七一年三月一一日JWMによれば、七〇年二月二一日セイロンのガレで両者が会談した。レイがモレルを技師長に採用し、給料などの待遇面を決め、直ちに横浜に赴くよう要請した[35]。

三月二二日*The North China Herald*に、Ganges号が香港から

上海に到着したとある。その乗客名簿にモレルが有る。伊藤の伊達大蔵卿と大隈大輔宛三月二二日書簡に「鉄道機関者モレロ自今七日之間ニ着港可仕段申越、印度セロン島にてレーに出会約定取極申候由」[36]とある。ガレ会談を知らされ、二九日までに横浜に到着予定だった。四月九日 *The Hiogo News* に、上海・長崎から Oregonian 号到着、横浜へ出港とあり、乗客名簿に E. Morel の記載がある。続いて一六日JWMに、Oregonian 号九日横浜到着とある。つまり、モレルは四月九日に横浜に着いたと断定できる。

また四月一一日と一八日の *The London and China Telegraph* に、四月一六日蒸気船 Ripon 号が横浜へ向け、Southampton を出港とあり、乗客名簿に Mrs. Morel が有る。続いて六月一一日JWMには、Cadiz 号が五月三一日香港発、六月七日横浜着とあり、乗客名簿に Mrs. Morel が有る。Mrs. Morel は Harriett 夫人と断定してよかろう。当時日英間往来に二カ月程度を要しており、この点でも矛盾がない。

七月三〇日JWMに、七月二六日 Golden Age 号が兵庫へ出港とあり、乗客名簿に Mr. & Mrs. Morel と Ito が有る。逆に八月二七日JWMに、八月二〇日 Golden Age 号横浜着とあり、乗客名簿に Mr. & Mrs. Morel と Itoh が有る。これらは、モレルが Harriett 夫人同伴で、大阪—神戸線の測量に赴いたことを意味している。八月二日伊藤より大隈宛書簡でも、モレルが神戸大阪に居たことを確認できる。[37]

七一年四月一五日JWMに、大阪造幣寮開所式の記事がある。日本側は三條實美太政大臣、大隈らが、英国側はSir and Lady Parkes, Mr. & Mrs. Cargill, Brunton（灯台寮技師）, Mr. and Mrs. Morelらの名前が挙げられている。すなわちモレルはHarriett夫人同伴で、日本政府高官と同席し造幣寮の式典に参列した。このように、多くの場合夫妻は行動を共にした。日本は豪州、NZやラブアンと比べて、夫妻にとってHome Sweet Homeだったと推測される。

7 死亡

モレルの「死亡証明書」によれば、一八七一年一一月五日、横浜で死亡した。享年三〇、これも四〇年誕生説と整合的である。またHarriett Morelの「死亡証明書」によれば、一一月六日死去、享年二五。双方とも八日に届出がなされた(38)。明治四年九月二三日と二四日に相当する。なお「一八七一年九月二三日」や「明治四年一一月五日」という交錯した表現は不正確で混乱を生じやすく、避けるべきである。

一一月一一日JWMの第一面に、モレルが一一月五日三〇歳で、Harriett夫人がその一二時間後の翌六日二五歳で亡くなったことを伝え、七日火曜日の葬儀参列者が多く、カーギルや井上勝も出席したことが載っている。JWMもPICEも、死因を肺の病と記している。「モレル病死並佐畑他

When and where died	Name and surname	Age	Rank of profession	Residence at the time of death	Signature, description and residence of informant
Yokohama, 5th November, 1871	Edmund Morel	30	Civil Engineer	Yokohama	John Pitman Yokohama
Yokohama, 6th November, 1871	Harriett Morel	25		Yokohama	John Pitman Yokohama

夫妻の「死亡証明書」1871 年 11 月 5 日、6 日
典拠：夫妻の「死亡証明書」から関連事項を抜粋して、筆者が作成した。

印度行」云々にも「肺病ニテ寒冷ヲ憚忌致候症[39]」とある。

一一月一日、井上勝より大隈宛書簡に拠れば、「過刻川崎より後藤氏迄申遣候処、着港直様モレロへ見舞、既に没命之有様気之毒之至り、何卒今晩ヨリ明朝迄今朝申上候事何卒御運ひ被成下度、態と御知せ仕候也[40]」と既に危篤状態だったことがわかる。『木戸日記』一一月七日に拠れば、「朝英人モレロ過る廿三日死去夫人も爲其發狂終死去すると云[41]」。木戸は「發狂」と書き、『鐵道寮事務簿』では「シヤクヲニサンド　ヲコシ」とある。「死亡証明書」に死因欄がなく断定はできないが、これらから夫人は神経系統あるいは呼吸器系統の急性疾患で死亡したと考えられる。

相当する乗客名簿に夫妻の子供のことが全く載っていない。したがって来日前に子供がいたとは考えにくい。さらにＪＷＭの死亡・追悼記事、日本側資料にも子供のことは一切言及がない。および日本での、モレル姓の「出生証明書」もない。したがって夫妻に子供はいなかったと思われ

る。

8　技能形成と日本赴任の動機

冒頭で引用したように、伊藤はモレルの誠実さを褒め「濠洲に在りて建築業に従事し、……鐵道建築の事に就ては十分の經驗ありとは思はれざりしかど、日本の小距離鐵道を築く位の事には不足はなかりしと信ず」と意味深長なことを語っている。述べてきたように煌びやかな経歴ではないことを伊藤が知っていた、そう示唆する内容である。

ＤＡＳでは、主に午前中は基本科目が、午後は応用的科目が配されていた。教授陣にもケムブリッヂ大学関係者が多く、技師養成教育機関として充実していた。しかし彼は、一八五八年五月から三年余クラークに師事しているので、ＤＡＳは辞めたと考えられる。在学中の五八年 Lent Term の成績も芳しくなく、彼の能力の高さを成績や学歴に頼ることはできない。ＫＣＬの学業をベースに、その後のクラークの下での修行と、豪州やＮＺでの実務経験、およびラブアン島在任中に技能が磨かれていったと考えるしかあるまい。植民地省文書から、六六年早々に任務はほぼ完了しており、その後はむしろ同島で燻りつつ他方で広く勉学に勤しめたのではないかという可能性すら筆者は考えている。

ラブアン島では、労働者の手配や資金提供に問題があった。ライフル部隊の組織化が必要なほど、治安もよくなかった。確かに日本でも攘夷思想がまだ残存していたが、横浜には外国軍隊が駐留し一定の安心感はあった。[42] 鉄道敷設予定路線も約一〇㎞と小規模でなく、当面の新橋―横浜、大阪―神戸にしろ、レイ借款にいう東京―大阪・敦賀への延伸にしろ、桁違いに規模が大きくやりがいのある仕事だった。同島では石炭採掘用鉄道建設であったが、日本では近代国家建設のための鉄道敷設であった。同島はロンドン本社の現地出先でしかなく意思決定にも影響力が限定されていたが、日本は独立国家であり、技師長としての意見も正当性があれば直ちに採用してもらえた。すなわち、【雇用主】石炭採掘会社と新興国家、【任務内容】建設目的、規模、予定路線、および【意義】文明開化の象徴、政府や国民の評価・感謝の念と、モレルは「まっさらなキャンバスに、絵を描き始める」心境で技師冥利に尽きると実感していた。同島とは、あまりにも対照的であった。

工部大学校や工部省の設立を建議したのは、独やパリでの教育を受けた体験で感じ取られ、豪州やNZおよびラブアン島での実務経験に肉付けされ、技師の教育と地位に関する七〇年発行のICE報告書で体系化されたものとして解釈できるのではなかろうか。[43] 会計制度を含めた事務管理組織や組織運営法についての助言は、その重要性についてCSLCの出先機関だった同島での体験が寄与したものと推察される。他方逆に彼は、DASを全うしなかったがゆえに、学校教育・高等教育機関の重要性を痛感していたのかもしれない。これらの建議こそ、モレルにしかできなかったことなのではなかろうか[44]。

日本赴任の動機は次のようにまとめることができよう。生活や健康面での不安、要求される仕事の幅が広くレベルが高い、自然環境面での日本特有の諸困難、契約期間限定という条件は、いずれも消極的な要因である。仕事の幅とレベルや日本特有の困難性は、英国では十分に仕事をさせてもらえない、能力を存分に発揮できない、ＯＪＴの機会に恵まれず技能を磨くことができないなどともいえる。対照的に、英国では不可能な仕事を、日本では要求され任せられる。日本では仕事・成果が具体的に残り、政府や国民から感謝されるという点では技術者の職業意識・プライドを刺激する。さらに、経験科学・技能として、専門能力がブラッシュアップする。実利としてのスキル向上は、実務経験としてＩＣＥでフル・カウントされる。かくして彼の行動は、「専門家としての仕事上の責任感や充実感、職業倫理など金銭面以外の要素をも含んだ合理的判断に基づいていた」と解釈できよう。単に普遍的ヒューマニズムや私生活を含めた日本への愛着（その極端なのが日本人妻説）という要因ではなく、*Noblesse oblige* という強い責任感、学会でのステータス向上という名誉と、日本での厳しい要求をこなせる高度の専門家能力の開発、および高い給料などの楽しみという実利も大きく作用したと解するのが妥当である[45]。

新国家建設を目指す維新政府の意向、民間企業ではなく国家主導による確固とした鉄道計画、雇用・賃金など待遇面での安定性、技師長としての重責とやりがいなどの要因が彼をして重要で的確な建議を行なわしめ、また苛まれた病躯を顧みず仕事に駆り立てたのではないかと考えられる。

9　経歴に関する諸説

正鵠を射た建議を含めモレルの貢献が大きいだけに、「ロンドン大学キングス・カレッジを卒業し、弱冠二三歳の若さで土木学会会員に推挙され（規定では「会員」は二三歳以上）、セイロン島の鉄道建設に従事し完了をまって来日した」と経歴が脚色されることが多かった。また日本人妻説だと、日本への思い入れを難なく説明できる。かくして能力と動機の説明に、期待や思い込みが密かに刷り込まれていった。本節では原資料に当たることの重要性を再認識するために、反面教師として「セイロン説」と「日本人妻説」のふたつを取り上げ、そのフレーム・アップの過程を簡単に辿っていく。

一九六三年田中時彦氏は、一八七〇年二月二一日「イギリスへの帰航の途次、レイはセイロン島でモレルと会見し、彼にこの借款における鉄道建設工事の技師長となることを依頼した」[46]と述べた。技師長就任要請と雇用契約締結を紹介しており、何ら問題ない。ところが五年後山田直匡氏は、「セイロン島の鉄道建設を完了して来日した」[47]と、同島の鉄道との関係を示唆してしまった。珍奇な「豪州ラブアン説」も加わって、モレルのラブアンでの経験が忘却の彼方へ追いやられ、赴任以前の技能形成過程の実像が捻じ曲げられてしまった。

一九五七年『交通新聞』一〇月一三日号は、British Councilを通じてPICE追悼記事を入手し、モレルの経歴を要約・報告した。この問題点は「豪州ラブアン説」と「日本人妻説」である。「ピカデリー・ノッティングヒルに住むトーマス・モレルのひとり息子」とほぼ正確に訳出しているのに、ラブアンの確認を怠り「日本人妻説」を根拠を示さず唱えた。[48] ここから誤説が増幅していく。六〇年上田廣氏は「日本にきてから日本人の妻を得たが、その妻も、モレルの看病につかれてともに病床の人となっており、モレルの死後僅か一、二時間ほどしてそのあとを追つた。〔段落かえ〕彼女がなんという名で、どのような女であつたかということは、全然わかつていない」[49] と紹介し、『交通新聞』に拠っている旨明記した。六八年山田氏は「モレルの看病に尽していた夫人（日本人）もあとを追うようにして同じ病いで死去した」[50] と追随した。七二年『鉄道先人録』は歩を進め「モレル夫人については大隈侯爵関係文書に侯の綾子夫人付小間使キノという名の婦人で綾子夫人のすゝめによって結ばれたということである。」（南條範夫氏「驀進」[51]）と根拠を明言した。七四年青木槐三氏は「モレル夫人が日本人であったと云うことの判ったのは、作家の南条範夫さんの『驀進』という小説によって知ったのだが、すぐれた鉄道研究家の川上幸義氏を煩わして、南条さんに問合せたところ、日本人で、名はキノ、大隈侯爵の奥様づきの小間使いであるとの記述は、フィクションにあらず、大隈侯に関する逸話集の一冊にあるとの回答を得て、キノ夫人と判った。[52]」と「日本人妻説」を正当化した。その南條氏の説を引用しよう。「モレルが最初に大隈邸を訪れて……、綾子の傍らにいたきのと云う小間使いが、目許を少し紅くして……六カ月後、きのはモレルの妻になった。[53]」これはストーリーを面白くするための小説家特有の創作である。南條氏発信を鵜呑みにした『鉄道先人録』編集者、南條氏への問合せに際し厳密に典拠を聞かなかった川上氏、氏の小説の前後の部分について原資料や他の文献との突合せを怠った両氏は、研究者として怠慢の誹りを免れまい。かくして「日本人妻説」が淡いロマンティシズムを抱かせて、以降無批判に受け入れられてしまった。

山田氏は当時の日本側の資料をほぼ完全に渉猟し評価が非常に高いだけに、爾来労作の内容に関して疑問を呈しにくい状況となってしまった。「セイロン説」「日本人妻説」とも典拠が明示されず、かえって検証・反論が極めて困難な状況に陥ってしまった。モレルの能力の高さと真摯な姿勢が、短絡的にこれら二説により説明され、やがて神話化され全く検証されずに一人歩きを始め、経歴上重要なラブアンが完全に無視されたり、豪州にあるとの珍説までも出現する有様になってしまった。

かかる状況下で、森田氏は一九九七年「明治鉄道創立の恩人　エドモンド・モレルを偲ぶ」（英語論文も同内容）で一八四〇年誕生を立証し生誕地を特定化し、KCSの学歴を確認し、さらに日本人妻説の不合理性をとなえた。当時国際結婚が許されていなかったこと、式典に日本人高官と同席したモレル夫妻の行動などから「日本人妻説」に対し異議を唱えた。慧眼である。これでモレルも面映さを感じず、Harriett 夫人も苦笑しなくてすむようになった。虚心坦懐に原資料に基づき冷徹にモレルの実像を構成し、彼の言動や貢献の背景や動機とその意味合いを考察する先駆的な研究を森田氏は行なった。蔦が絡まりついた封印が解かれ、錆付いていた扉の閂がやっとはずされた。

「日本におけるモレル経歴の諸説の比較」を表にまとめたので参考にしてほしい。筆者が調査しえた二九の文献を、それらの依拠したものを含めて年代順に並べた。ここから誤説・珍説の出現、増幅、正当化の過程が浮かび上がる。原資料に拠ってこれらを糺した森田氏の業績が際立っている。

林田の主張と論拠

森田説採用
【KCS・KCL への入学、ICE 加入年齢で、1840 年説を補強】

Thomas が Ann Martin Lopes と 33 年 9 月 28 日結婚⑴。
Thomas が Emily ÀBeckett（初婚）と 38 年 9 月 22 日結婚⑵。
39 年 10 月 5 日姉 Emily、42 年 9 月 11 日妹 Agnes 誕生。
母 Emily が 46 年 8 月 1 日死亡（31 歳）。
父が Christiana Lodder Budd（初婚）と 50 年 5 月 16 日結婚⑶。
父が 60 年 11 月 24 日死亡（52 歳）。義母は 77 年 6 月 6 日死亡（69 歳）。
姉が George James Stilwell（67 年死亡）と 66 年 10 月 18 日結婚。
Louis（12 年頃）、Henry（14 年 10 月 30 日）、Charles、Edmund（21 年頃）の 4 人の叔父。
父方祖父母；Louis（37 年頃死亡）と Mary Boden は 04 年 11 月 25 日結婚。
母方祖父母；William55 年 2 月 23 日死亡（77 歳）、Jane59 年死亡。
【出生・結婚・死亡証明書、当時の Census などで確認】

森田説採用、補強
210•211Piccadilly で父が Italian Warehouseman & Wine Merchant を営む。　モレルの生地；No.1, Eagle Place に隣接。
【Census、*Post Office Directory* で確認】

森田説採用、補強
58 年 1 月 Department of Applied Science, King's College, London 入学。
Lent Term の成績は普通、Easter Term は大部分欠席。当時の住所も確定。
【KCL の入学身上書・学費支払書、成績原簿などで確認】

65 年 5 月「準会員」となる。【加入申請書】

66 年 1 月～ 68 年過ぎ、ラブアン島（北ボルネオ）に滞在。
【ICE 会員住所録、英国植民地省文書などで確認】

70 年 4 月 9 日を確定。【*Hiogo News*、*Japan Weekly Mail* の乗船記録】

森田説を補強
Harriett Wynder（未成年）と 62 年 2 月 4 日、St. Pancras で結婚。
【結婚証明書】
Mrs. Morel；70 年 4 月 16 日英国発、6 月 7 日横浜着。
【*London & China Telegraph*、*JWM* の乗船記録で確認】
70 年 7 月 26 日～ 8 月 20 日、夫妻で兵庫へ出向く。【*JWM* の乗船記録】

土木学会説、森田説採用
【*JWM* の記事、『鐵道寮事務簿』などで補強、確認】
妻 25 歳は、結婚証明書の未成年と無矛盾。

典拠：筆者の調査と諸説の検討により、作成した
註：①網かけの箇所は、誤った説を示す。②通説のうち、ミスが大きいものを記載した。③【　】は主張の論拠。④日付明記は、各証明書による。

モレルの経歴；諸説の比較表

項目	英国土木学会説	日本の通説	森田嘉彦氏の主張と論拠
生年月日	1841年11月17日	1841年11月17日	1840年11月17日 【出生証明書、KCSへの問合せ】
父母 家族	父；Thomas Morel	父；Thomas Morel	父；Thomas Annet Lewis Morel は Italian Ware- houseman, Wine Merchant を営む。 母；Emily Elizabeth（旧姓 ÀBeckett） 【出生証明書】
生地	Piccadilly and Notting Hill の Thomas（父親）	ロンドン郊外のピカデリー・ノッチングピル	No.1, Eagle Place, St. James Square（Piccadilly に近接） 【出生証明書】 Notting Hill は、KCS 入学時の住所
学歴	King's College, London ドイツやパリの技術学校 Woolwich	ロンドン大学キングス・カレッジを卒業して、独仏の工業学校	57年の夏学期のみ King's College School に在籍。欠席が多かった。 57年秋、同校 DAS に進学。 【KCSへの問合せ】
ICE会員	1865年5月準会員	1865年、英国土木学会会員	
来日前経歴	ニュージーランド、豪州、ラブアン	ニュージーランド、豪州。 セイロン島での鉄道建設完了後	
来日時期		1870年4月9日	
夫人	記載なし。	日本人（大隈侯爵綾子夫人付き小間使い"キノ"） 森田以外は異論を唱えず。	日本人妻説に反論 森田は、①当時国際結婚は不許可、②モレルが夫妻で、公式行事に日本の高官と同席、および③面会した等の理由により、「日本人説」を疑問視・批判。
死亡	1871年11月5日 12時間後に夫人が死去。	明治4年9月23日（一部に1871年9月23日表記がある）。	71年11月5日、翌日夫人死去。25歳 【夫妻の死亡証明書】 7日（火）夫妻の葬儀。 【*JWM* の記事】

教育、技能形成、仕事
57 年の 2 学期間のみ King's College School に在籍。欠席が多かった。 58 年 1 月 Department of Applied Science（King's College, London）入学。 Lent Term の成績は普通。 Easter Term は大部分を欠席。 58 年 5 月から Edwin Clark に師事。 【PICE 追悼記事】 この頃ドイツやパリの工業学校、および Royal Engineer で学ぶ。【PICE 追悼記事】
Melbourne（豪州）で Civil Engineer として 8 ヶ月間自営。 Otago（NZ）地方政府の Assistant Engineer として 5 ヶ月。 Wellington（NZ）地方政府の Chief Engineer として 7 ヶ月。 （合計約 2 年間、豪州、NZ で仕事に従事。）【ICE 加入申請書】 65 年 5 月、ICE に Associate として加入。同時に加入金、年会費を支払う。 推薦者 Edwin Clark。準会員加入資格年齢；25 歳より半年早い。 66 年 1 月～ 68 年過ぎ、ラブアン島に滞在。
70 年 2 月 21 日、セイロンのガレで、H.N. Lay と会談。技師長就任を要請され、雇用契約を締結。【田中氏、JWM】 4 月 9 日来日。12 日、Parkes の紹介で日本政府高官と面会。 4 月 16 日、伊藤博文に人材育成などを進言。 5 月 28 日、伊藤博文に工部省・工部大学校の設立などを建議。

典拠：筆者が調査に基づき、作成した。
略記法：POD；*The Post office Directory*、PICE；*The Proceedings of the Institution of Civil Engineers*、JWM；*The Japan Weekly Mail*

モレルの経歴；私生活と技能形成

	私生活
1839年以前	父方祖父母Louis（37年頃死亡）がMary Bodenと、04年11月25日結婚。後年Janeと再婚。 父Thomas（08年頃生）、およびLouis（12年頃生、42年5月13日死亡）、Henry（14年10月30日生）、Charles、Edmund（21年頃生）と4人の叔父。【Louisの遺言書、Census】 祖父Louisは11年以降25年までに、210－211 Piccadillyで商売を始めた。【POD】 父ThomasがAnn Martin Lopesと、33年9月28日結婚①。 Annは37年6月までに死亡したと思われる。（離婚は困難、可能でも再婚に制約あり） 37年頃祖父Louisが死亡。【Emilyとの結婚証明書、Louisの遺言書】 ThomasがEmily ÀBeckett（初婚、William・Janeの娘）と、38年9月22日再婚②。 39年10月5日、姉Emilyが誕生。210 Piccadillyの表記。
1840年代	40年11月17日、Edmund誕生。No.1, Eagle Placeの表記。 父はPiccadillyでItalian Warehouseman & Wine Merchantを営む。【出生証明書、POD】 父, Henry, Edmundの3人で商売。住込み使用人5人、叔父Louisは絵描き。【41年Census】 42年9月11日妹Agnes誕生。 母Emilyが、46年8月1日死亡（31歳）。210 Piccadillyの表記。
1850年代	父がChristiana Lodder Budd（初婚）と、50年5月16日再々婚③。住所は、210 Piccadilly。 51年迄には、20 Ladbroke Villas, Notting Hillに転居。住込み使用人4人。 住所はKCS、DAS入学時と同じ。【51年Census】 母方祖父；William A'Beckettが55年2月23日死亡（77歳）、祖母Janeが59年死亡。
1860年代	父Thomasが、60年11月24日死亡（52歳）。Ladbroke Villasの表記。 Edmund不明。【61年Census】 Emilyは伯父William A'Beckettと同居、AgnesはVisitorで別居。ChristianaはEastbourne在住。【61年Census】 Edmundが、Harriett Wynder（未成年）と62年2月4日、St. Pancrasで結婚。 姉Emilyが、George James Stilwell（33歳）と66年10月18日、Kensingtonで結婚。 夫George（Doctor of Medicine）が、翌67年死亡。子供はいなかったようだ。 Emilyは、亡夫Georgeの生まれ故郷に居住。【71～01年Census】 妹Agnesのその後の消息は不明。
1870年代	Mrs. Morel；70年4月16日英国発、6月7日横浜着。【JWMなど】 71年11月5日、横浜でEdmund死亡（30歳）。 翌6日、横浜でHarriett死亡（25歳）。 夫妻の葬儀は7日（火）。多数の参列者があった。【JWM】 モレルに子供はいなかったようだ。 義母Christianaが、Eastbourneで77年6月6日死亡（69歳）。

ICE 加入	来日前経歴	夫人
	ラブアン石炭会社で5年間働く	Harriett 夫人が12時間後の11月6日に25歳で死去
65年5月23日「準会員」としてICE入会	66年からラブアンで仕事。67年にはラブアン石炭会社の技師。	
	新西蘭で鉄道建設に従事	モレル死後4日後死亡
		モレル死後4日後死亡
65年5月23日技術員会員に推選された	64～65年、豪州ラブアン炭鉱会社の技師	日本人妻 モレル死後12時間後に死亡 ★早くから日本に憧れていた
	64～65年、豪州ラブアン炭鉱会社の技師	日本人妻 モレル死後1、2時間後に死亡 ★早くから日本に憧れていた
	70年2月、レイとセイロンで会見。技師長就任を要請され、雇用契約を締結。	★明治2年11月日本訪問
	セイロン島の鉄道建設完了後来日	日本人妻、あとを追うようにして同じ病いで死去
		日本人妻、結核にかかり、発狂し4日後死亡
24歳でICE会員に選ばれた		大隈夫人付小間使い「キノ」(南條説依拠を明言) モレル死後12時間後に死亡
65年ICE会員	セイロン島の鉄道建設完了後そのまま来日	日本人妻 ★肺結核で12時間後死亡
	NZから来日	
ICE会員	豪州ラブアンの炭鉱鉄道の技師	大隈侯爵の奥様づき小間使「キノ」 南條説（川上幸義が南條に確認したという）
65年24歳でICE会員に推薦された	セイロン島の鉄道建設完了後来日	日本人妻 『汎交通』74巻5号に依拠 モレル死後1、2時間後に死亡

典拠：筆者が諸説を吟味し、作成した。

略記法：P；Piccadilly、N；Notting Hill、KCS；King's College School、KCL；King's College, London、ICE；The Institution of Civil Engineers、NZ；ニュージーランド

日本におけるモレル経歴の諸説の比較

	生年月日 没年月日	生地	学歴、特に KCS と KCL
Japan Weekly Mail 1871 年 11 月 11 日号	1871 年 11 月 5 日没、享年 30。 11 月 7 日（火）葬儀	父母は英人・仏人	
PICE ; The Proceedings of ICE 1873 年、vol.36、pp.299 ～ 300	1841 年 11 月 17 日生 1871 年 11 月 5 日没	PN に住んでいたトーマス・モレルの一人息子	KCL で学ぶ
『日本鐵道史』1921 年、pp.175 ～ 177 22・23 の間に写真等も掲載			
土木学会編『明治以後本邦土木と外人』1942 年、pp.89 ～ 92	明治 4 年 9 月 24 日没 『鐵道附録』に依る		
石井満『日本鉄道創設史話』1952 年 p.357			
『交通新聞』1957 年 10 月 13 日号 PICE 追悼記事に依拠	1841 年 11 月 17 日生 1871 年 11 月 5 日没 11 月 7 日葬儀	PN に住んでいたトーマス・モレルの一人息子	KCL 入学
中村英男『鉄道辞典』1958 年 下巻 p.1691			
上田廣『鉄道創設史傳』1960 年 pp.118 ～ 129 『交通新聞』に依拠	1841 年 11 月 17 日生 明治 4 年 11 月 5 日没	PN に住んでいたトーマス・モレルの一人息子	KCL 卒業
田中時彦『明治維新の政局と鉄道建設』1963 年、pp.204 ～ 205			
山田直匡『お雇い外国人④交通』1968 年、pp.152 ～ 154	1841 年 11 月 17 日生 1871 年 9 月 23 日没	PN 生まれ	
和田和男『汽笛一声』1968 年 pp.224 ～ 228			
『鉄道先人録』1972 年 pp.392 ～ 394	1841 年生 明治 4 年 9 月 23 日没	PN 生まれ	KCL で学ぶ
佃實男『神奈川人物風土記』1973 年 pp.132 ～ 137	1841 年 11 月 17 日生 明治 4 年 9 月 23 日没	ロンドン郊外の PN 生まれ	KCL で学ぶ
『日本国有鉄道百年史－通史』1974 年、附録 p.49	1841 年 11 月 17 日生 明治 4 年 9 月 23 日没	PN 生まれ	KCL で学ぶ
青木槐三「紅白の梅とモレルの墓」『汎交通』74 巻 5 号、1974 年 pp.12 ～ 15　『交通新聞』に依拠	1871 年 11 月 5 日没	PN 生まれ	
沢和哉、『鉄道に生きた人びと』1977 年 pp.22 ～ 24	天保 12（1941）生 明治 4 年 9 月 24 日没	PN 生まれ	KCL で学ぶ

65年土木学会会員に推薦		★親日の英国人
	セイロン島で鉄道建設に従事していた	
65年ICE会員に推薦	セイロンの鉄道建設に従事 ★NZ、豪州の鉄道建設	日本人妻「キノ」
	NZ、豪州、セイロン島で土木工事や鉄道工事に従事	夫人も翌日死去
65年ICE会員に推された	70年セイロン島に渡り鉄道工事竣工をまって来日	夫人は翌年死亡
65年5月、若干23歳でICE会員に推薦された。 ★学歴の高さとすぐれた鉄道技術者としての評価	ラブアン島で鉄道建設	日本人妻 夫人も翌日死去
		日本人妻
	64年以降豪州で鉄道建設に従事 明治3年4月9日来日	日本人妻、12時間後に死去
	セイロンで鉄道を完成させた直後に来日	
65年ICE会員に推された	セイロン島の鉄道工事竣工をまって来日	
		夫人ハリエットと明記 11月6日25歳で死去
	豪州のラフアン炭鉱会社の技師長	モレルが大隈邸訪問、その6ヵ月後「きの」が妻となった。 死後数時間して後を追い息をひきとった。
		日本人妻説を否定。 Harriett Morelと主張。 12時間後の11月6日死去
	セイロンや豪州で鉄道建設に従事	
	64年以降豪州で鉄道建設に従事 明治3年4月9日来日	日本人妻、12時間後に死去

反町昭治『鉄道の日本史』1982年 pp.119～200	1841年11月17日生 明治4年9月24日没	PN生まれ	KCLで学ぶ
八十島義之助「続土木と100人、Edmond Morel」『土木学会誌』68巻9号、1983年、p.23	天保12（1941）生 明治4年9月24日没	PN生まれ	
Eiichi Aoki、Edmund Morel; the Father of Japan's Railway. *Look Japan*、84年12月10日号	1841年生 He died Sept. 23.	ロンドン	KCL卒業
武内博「我が国鉄道創設期に活躍した来日西洋人」Pinus15号1985年	1841年11月17日生 1871年11月5日急逝	ロンドン近郊PN生まれ	KCL卒業
武内博『横浜外人墓地—山手の丘に眠る人々』1985年、p.162	1841年11月17日生 1871年11月5日没	ロンドン郊外のPN生まれ	KCL卒業
青木栄一「人物紹介②エドモンド・モレル」（『日本の鉄道－成立と展開』1986年、pp.25～27	1841年11月17日生 1871年11月5日没	ロンドン西郊のN生まれ	KCLで土木工学を学ぶ
O.チェックランド『明治日本とイギリス』1989年、pp.63～64 Aoki説に依拠	1841年生 1871年没		
原田勝正『国史大辞典』13巻、1992年、p.882	1841年11月17日生 明治4年11月5日没 11月7日埋葬		KCL卒業
今井宏『日本人とイギリス』1994年、pp.131～133	1841年生 1871年9月23日没	ロンドンのN生	KCLで学ぶ
武内博編『来日西洋人名事典』（増補改訂普及版）1995年	1841年11月17日生 1871年11月5日没	ロンドン郊外のPN生まれ	KCLで学ぶ
村松貞次郎『日本の近代化とお雇い外国人』1995年、pp.39～41 PICE、JWMに依拠	1841年生 1871年11月5日没	PN生まれ	
南條範夫『旋風時代』第1章「驀進」1995年 pp.74～84	明治4年11月5日没	★父親とパークスは旧知の間	KCL卒業
森田嘉彦「明治鉄道創立の恩人エドモンド・モレル氏を偲ぶ」『汎交通』97巻2号、1997年 JWM、PICE、出生・死亡証明書、KCSへの問合せその他に依拠	1840年11月17日生 1871年11月5日没 11月7日葬儀	No.1 Eagle Place（Piccadilly）確定 NはKCS入学時の住居と確定	57年の1学期間のみKCSに学ぶ。
原田勝正『日本鉄道史－技術と人間』2001年、pp.38～47	1840年11月17日生 1871年11月5日没		
原田勝正『日本近現代人名辞典』2001年、pp.1075～1076	1841年11月17日生 明治4年11月5日没 11月7日埋葬		KCL卒業

注

（1）本章の日付は、引用文以外は太陽暦で統一する。必要に応じて括弧内に太陰暦を付記する。

（2）Engineer-in-chief の訳に「建築師長」が当てられているが、職務内容や権限がより広範で強力なので、「技師長」の訳語を使用する。

（3）『明治前期』一〇巻、一八ページ。トロートマンの手紙参照。

（4）引用はそれぞれ、「鐵道の起原」『伊藤公全集』第一巻、二五七、二五八、二五九、二六〇ページ。

（5）『明治前期』一〇巻、三二ページ、一八七〇年九月二四日付、伊達宗城、大隈重信、伊藤より東洋銀行(Oriental Bank Corporation、ＯＢＣと略す）宛書簡参照。

（6）「明治三年閏十月廿日（一八七〇年一二月一二日）工部省ヲ創置皇城内セラレ、百工ヲ勧奨スルコトヲ掌リ、嘗テ民部省所管ノ鑛山、鐵道、製鐵、燈明臺、傳信機等ノ事ヲ統轄ス。」（『明治前期』一七巻の一、「工部省沿革報告　工部本省」、五ページ。）

（7）ジャパン・センターの二棟東隣である。縁を感じさせる。

（8）1873. vol.36. pp.299-300.

（9）森田氏から、入学身上書の写しを戴いた。モレルの経歴調査に関して、筆者は森田氏の方法に非常に啓発・示唆された。Miles からの返信の複写・使用を含めて感謝したい。

Ladbroke Villas は Ladbroke Road に、一八七〇年改名された。*General Index to the Old Ordnance Survey Maps of*

London (Godfrey Edition) North- West London, p.65 参照。
（10）過去多くの日本の文献では「四一年、ピカデリー・ノッチングヒルで誕生」とされてきた。それぞれの直近の地下鉄駅 Piccadilly Circus と Notting Hill Gate の間は最短でも六駅目であり、これは明白な誤りである。ＰＩＣＥ追悼記事「四一年説」は、「出生証明書」や入学身上書と照合して間違いである。この経歴紹介は「四一年説」以外、他の資料との矛盾点は特にない。追悼記事執筆者はＩＣＥ加入申請書にも依拠しているので、参考にしたと思われる。また *The Japan Weekly Mail*（ＪＷＭと略す）一八七一年一一月一一日号の追悼記事ともかなり重複している。
（11）これらの概要は、*The Calendar of King's College, London, 1858* による。なおＫＣＳについては、*King's College School: Alumini, 1831–1866* を参照せよ。
（12）火水木の Mathematics, Mechanics は一括りになっている。Mechanics は内容的に物理（力学）を含む。土曜日の Divinity は終了時刻の表示がない。
（13）Engineering Report Book, 1843-58, KA-SRB-6。"R" は Regular、"G" は Good、"F" は Fair の略である。"Chapel" は時間割にないが、毎日一〇時から行なわれていた。
これらのＫＣＬでの調査に際し、Archives Assistant の Katharine Higgon 女史の世話になった。
（14）生徒はロンドン在住者子弟が主だった。モレルは通学可能であり寮費を払っていない。
（15）技師養成教育機関としての評価は高かった。後述のＩＣＥの調査冊子 *The Education and Status of Civil Engineers*

でも最初に紹介されている。

(16) 一八五〇年一二月にICE準会員、五五年四月に会員になった。一四年一月七日生まれ、九四年一〇月二二日死亡。PICE、vol.119、p.413 の死亡記事やICE名簿による。

(17) 入会申請書、ICE整理番号 *1980, Form A. 135*。五月二日委員会審議・了承、一三日会議にかけられ投票の結果、裁可された。

ICEでの調査に当り、Archivist の Carol Morgan 女史には、加入申請書、名簿、追悼記事などの閲覧・複写に際し色々と手助けしてもらった。記して感謝の意を表したい。

(18) 入会金三ギニーの支払証は未発見である。建設拠出金に含まれているのかもしれない。

(19) 五月二九日付の「入会誓約書」に署名しているので、帰国中だったことを確認できる。

(20) 北緯五度、東経一一五度辺りに位置し、面積は約九二㎢、ボルネオ本島のブルネイ湾に浮かぶ島である。シンガポールと香港の中間にあり、蒸気船時代の一九世紀中葉は地政学上も中継港として重要拠点であった。名前は "Pelabohan"（投錨地）に由来する。

一九七五年一月のマレーシア政府報告書に石炭に関する調査が載せられている。層が数センチにも満たないくらい薄く散在し、岩盤が崩れやすく海底に続いていると述べ、採掘の可能性に否定的見解を示している。（*A Preliminary Planning Report*, p.28 や p.183 参照。）一九一一年に石炭採掘を放棄した理由としても納得できる。

(21) 年会費の納入、刊行物の送付や連絡用に、加入者は本部に逐次住所を届けていた。ICEの名簿で、変更届分の手書き修正を確認できる。したがって名簿住所録の信憑性は高いと考えられる。

（22）拙稿「鉄道技師：モレルの経歴と貢献」の「ラブアン関係の第一次資料」参照。
モレルは、一八六五年五～一〇月英国に滞在し、鉄道建設の訓練を受けていた可能性もある。

（23）頭取 C. J. F. Stuart と後の鉄道差配役 W. W. Cargill を含む七人のオリエンタル銀行（ＯＢＣと略す）関係者が出資者に加わっている。モレルとＯＢＣとの、日本赴任以前の接点が窺われる。英国公文書館（ＮＡと略す）資料請求番号 BT-31-481/1885 参照。

（24）CO-714-90 参照。

（25）一八六五年二月八日設立。BT-31-1058 / 1878C 参照。

（26）キャラハンは Trinity College, Dublin 出身、一八六〇年香港政庁の行政長官を皮切りに外務省関係に勤務した。ラブアン関係では、六一年五月領事代理～六七年提督を勤めた。八一年六月九日死去。*Foreign Office List* 参照。手紙は CO-404-4 参照。

（27）CO-352-3 参照。試算書に、一七二五ポンドが技師報酬として含まれている。一割の報酬となる。
一八六七年五月一八日ＣＳＬＣ宛手紙で、標準ゲージの機関車一両を、シンガポールへ船で送ったとある。敷設予定の軌間は標準軌ではないことを意味している。CO-44-26 の p.2。

（28）現地には立抗跡もある。Tanjung Kubung の「煙突博物館」の説明文も参照せよ。

（29）キャラハン提督の報告書には、モレルの名前が頻繁に出てくる。CO-44-26 の会社側の手紙も参照。

（30）Wright. *The Origin of British North Borneo*, p.90.

（31）K.G.Tregonning. *Under Chartered Company Rule*, p.56 参照。

（32）CO-146-45 p.276、CO-146-46 p.292 参照。一八六〇年代後半の計画図と照合して、路線や工費の面で、モレルの計画とほぼ同様であることが確認できる。筆者は軌間選択に関して、日本との関連を探ろうと試みたが、裏づけ資料は発見できなかった。

（33）S.R.Evans et.al.. *History of Labuan*, 参照。筆者が現地で複写した際、頁が脱落した。廃線後は道路として使用されていた。太平洋戦争で、ラブアンを日本軍が占領し「前田島」と改名した。戦争末期、激戦を経てアメリカ軍に占領され（同島には両軍の兵士の墓と慰霊碑がある）、この道路が司令官に因んでMacArthur Road と命名されたという。

（34）Edward 表記もあるが、他はEdmund なので単なる転記ミスであろう。Harriet 表記だが、「死亡証明書」やＪＷＭ追悼記事では末尾の"t"が重複しているので、Harriett を採用する。後述する「死亡証明書」の二五歳は結婚時一六歳か一七歳で、未成年を意味する。"minor"という表現とも整合的である。

（35）田中時彦『明治維新政局と鉄道建設』二〇四ページ。田中氏はLay 研究家のJack Gerson から譲り受けたこの往復書簡を利用している。ただし、太陰暦表示なので注意を要する。

（36）『大隈重信関係文書一』一九〇ページ。

（37）『大隈重信関係文書一』一九五〜一九七ページ。その後もＪＷＭなどで夫妻の動向を跡付けることができるが、徒に冗長になるので省略した。

（38）海外の出来事なので、Family Record Centre の領事報告のパートに所蔵されている。二〇〇七年夏筆者は、Harriett の「出生証明書」を懸命に探したが発見できなかった。年齢欄から、彼女は一八四五年一一月七日〜四六年一一月六日の生まれとなるのだが。

（39）『鐵道寮事務簿』第一巻六六号、三一六ページ。

（40）『大隈重信関係文書二』一一〜一二ページ、「モレル危篤」。

（41）『木戸孝允日記』二、一〇二〜一〇三ページ。

（42）Harriett 夫人を日本に呼び寄せたことが何よりも如実に、モレルの心情を語っている。

（43）ＩＣＥは一八六八〜七〇年の調査委員会の報告書に基づき、*The Education and Status of Civil Engineers*（約二〇〇ページ）を刊行した。はしがき部分で以下のように総括している。

フランスでは、政府が制度的にも、財政面でも技師の教育を行ない、エコール・ポリテクニークなどでエリート養成を図り、さらに理論を重視した教育内容となっている。またプロシアでは、英仏両国のすぐれた面を取り入れ、年月をかけた理論教育と実務訓練をバランスよく行なっている。その他オーストリア、ロシア、アメリカなどの実情も調査し、国際的な比較検討を行なっている。しかるに英国では、国の関与協力がなく、さらに科学教育が十分には実施されておらず、その優位性が次第に失われつつあると警鐘を鳴らしている。科学理論教育が不十分で実務教育重視しすぎている、将来展望を加味した国家の指針の提示と財政面での支援がほとんどないと危惧を抱いている。なお調査項目は、選抜方法、教育科目・内容や年限などのカリキュラム全体、教育費（自己負担、公共機関からの補助）、スタッフの充実度、教育の理念や方針など細部にわたりかつ体系的な調査が行なわれた。対象の教育機関やその国々は第Ⅱ部に詳述されている。

ところでこの報告書を提示し、技師の育成法に関し改善を強く訴えたＩＣＥ自体が、入会資格として（二〇世紀初頭でも相変わらず）実務経験を重視し続けていたのは逆説的である。

（44）彼よりも年長で経験も豊富な上に、ＩＣＥ「会員」であった建築副役 John England への優位性はここにしかなかったと、筆者は推察している。

（45）技師全般の動機については、拙稿「土木学会のステータスと英国人鉄道技術者の動機」参照。

（46）田中『明治維新政局と鉄道建設』二〇四ページ。

（47）山田『お雇い外国人④交通』一五二ページ。カバーの肖像説明および同書一五ページに「セイロン島の鉄道建設に従事していた」と明記されている。

（48）筆者の調査では、戦前に「日本人妻説」はなく、一九五七年『交通新聞』が最初である。

（49）上田廣『鉄道創設史傳』一二三ページ。

（50）山田『お雇い外国人④交通』一五三ページ。山田氏が「ピカデリー・ノッチングビル─誕生説」を初めて提唱した。

(51)『鉄道先人録』三九四ページ。対照的に一九七四年の『国鉄百年史　通史』では、PICE依拠部分のミスはやむをえないが、これら二説を採用していない。編纂室の慎重な姿勢が窺える。

(52)『汎交通』七四巻五号、一四ページ。

(53) 南條範夫『旋風時代』第一章「驀進」、八二ページ。〝きの〟は原文は傍点である。青木・川上氏の言動および『鉄道先人録』から、南條氏の創作は一九七二年以前だったことがわかる。南條氏のこの小説には、他の資料との整合性を検証すると、モレル関係のみでなくレイの出自および目的や行動についても難点が多い。

第2章

井上 勝

◎

星野誉夫

1　国内留学から英国留学へ

井上勝《まさる》は、一八七一（明治四）年八月（月日は明治五年まで旧暦で表示）から九三年三月まで、七三年七月下旬からの半年間を除き、二一年一カ月もの間、政府鉄道部門の責任者を務め、創業期の鉄道の建設・運営にあたって中心的役割を果たした人物である。

長州藩士井上勝行の三男として、一八四三（天保一四）年八月一日、萩城下で生まれた。幼名は卯八。数え六歳のとき同藩士野村作兵衛の養子になり、青年時代は野村弥吉と称した。五五（安政二）年とその二年後、相州警備に派遣された実父について浦賀や江戸へ行く機会があった。藩校を経て、五八年に長崎の海軍伝習所、五九年に江戸の蕃書調所、六〇（万延元）年から一年半余箱館の諸術調所（武田斐三郎塾）という、洋学を学ぶのに適した場所で兵学や航海術、外国語を学んだ。井上家は二〇二石余、野村家は三一六石余という、禄高の点で藩内では上層の家で育ち、藩の役人として活躍していた実父の関係で少年時代から時代の空気に触れていたといえよう。

養父の求めで一旦萩に帰ったが、勉学を続けるため江戸に出てきた野村は、箱館での英語の学習を横浜でも続け、西洋の現実を知るための留学をめざした。六三（文久三）年三月には、藩が購入した洋式帆船癸亥丸《きがいまる》を「船将」として、箱館でともに航海術を学んだ山尾庸三と協力し、品川から兵庫に帆走させる経験もつんだ。野村と山尾が留学を考えていたとき、井上聞多（後の井上馨）も攘夷のために海軍を強化する必要があると考え、西洋へ渡航しようとしていた。三人の運動の結果、同年四月、帰国後は海軍に奉仕するという条件付で藩から五年間の留学の許可が出た。そのとき、伊藤俊輔（後の博文）と遠藤謹助が同行を希望し、藩の黙認を得られたので、五人がイギリスへ渡航することになった。五人の生年は、井上聞多（三五年）、遠藤（三六年）、山尾（三七年）、伊藤（四一年）、野村（四三年）で、野村が最年少であった。

外藩の武士の留学が、幕府に許可される情況ではなかった。また、留学先として考えたイギリスに関しては、井上聞多、伊藤、山尾の三人が六二（文久二）年一二月の公使館焼き討ちに参加していた。しかし、焼き討ちの真相は知られておらず、イギリス領事館員およびジャーディン・マセソン商会員の協力が得られることになった。密航という手段をとるので、彼らは藩と合意のうえ脱藩することにした。必要な資金は、村田蔵六（後の大村益次郎）の了解があったようだが、藩の御用商人から五〇〇〇両を借り受け、藩には事後承諾を求めることにした。五人は、周布政之助、桂小五郎（後の木戸孝允）らにあてた陳情書の中で、無断で借用した金は「生きた器械」を求めるための費用と

5名の長州藩留学生（1863年）
前列左から井上聞多（のち井上馨）、山尾庸三、後列左から遠藤謹助、野村弥吉（のち井上勝）、伊藤俊輔（のち伊藤博文）。　萩博物館所蔵

考えてほしい旨述べている。

横浜からジャーディン・マセソン商会の蒸気船でひそかに出国したのは六三（文久三）年五月一二日であった。その二日前、長州藩が下関海峡通過の米商船を砲撃したことを彼らは知らなかった。上海から井上聞多・伊藤組と野村・山尾・遠藤組に分かれて乗った帆走貨物船で、井上・伊藤組は、英会話不如意のため航海の訓練を希望と誤解され、客なのに大変な苦労をしたという。五人がやっとロンドンに到着したのは、横浜を出てから四カ月あまり後であった。

ロンドンでは、ジャーディン・マセソン商会のヒュー・マセソン（創業者マセソンの甥）が面倒をみてくれた。マセソンが、ウィリアムソン博士（ロンドン大学ユニヴァーシティ・カレッジの化学の教授）に相談した結果、伊藤、遠藤、野村の三人は博士宅に、井上、山尾は画家のクーパー宅に寄宿することになった。日本最初の英国留学生である。野村は、学問や修養上で博士から得たものは少なくないと後に述べている。彼らは、朝晩は家で英語や数学など基礎的分野を勉強し、昼はユニヴァーシティ・カレッジに聴講生として通った。博物館や工場も見学した。半年ほど経ったとき、出国以来の経験から攘夷政策の危険性を痛感した井上聞多と伊藤は、長州の藩論を転換させるために帰国するという決意を示した。一緒に帰国するという他の三人に対し、井上聞多と伊藤は五人一緒に帰国して死地に入ることの危険を説いたという。

ロンドンに残った三人のうち、遠藤が病気のため六六（慶応二）年に日本に戻った後も野村と山尾は勉学を続けた。野村の場合、はじめ理化学を学び、後に鉱業および鉄道の実務を専修した。留学時の条件であった、海軍に直接かかわる勉強はしていない。藩からの送金はなかったようで、野村は博士の家で学僕を務め、山尾はグラスゴーの造船所で働きながら学んだ。

2　工部省鉄道頭・鉄道局長に就任

山尾と野村は、六八（明治元）年、幕府の崩壊を知った。自分たちには日本でなすべきことがあると考えて帰国したのは同年一一月であった。野村は、実父が弥吉の脱藩後、養家の迷惑にならぬよう井上家に復籍させていたので、帰国後は井上勝と称した。ふたりは長州に帰り、山尾は藩の海軍、井上は藩の鉱業管理の仕事に就いたが、中央政府にとっても必要な人材であった。そこで、新政府の要職にあった木戸孝允はふたりを東京に出すよう長州藩に求めた。

六九（明治二）年一〇月、井上勝は民部・大蔵省の造幣頭兼鉱山正に任じられた。井上馨が民部・大蔵大丞として上司であった。その前、同年九月頃、政府に鉄道建設を勧めていたイギリス公使パークスの紹介で、イギリス人レイが政府に資金提供を申し入れていた。政府側でまず応対したのは民部・大蔵省の大輔大隈重信と少輔伊藤俊輔（博文）であった。その頃、長州から出てきて伊藤宅に寄寓していた井上は、伊藤とレイとの第一回の会見の通訳を勤めた。

レイの申し入れを契機として鉄道導入を検討した政府が、建設計画を承認したのは六九（明治二）年一一月であった。将来は、東京~大阪~兵庫線、横浜への枝線、琵琶湖と敦賀を結ぶ線を建設することとし、東京~横浜間、大阪~兵庫間の建設から始めるという計画である。必要な資金としてまず一〇〇万ポンドをレイの仲介でイギリスの富豪から借入れ、資材の一部の購入と技術者の雇傭とをレイに委託する内容の契約を結んだ。ところがその後、日本政府の理解と異なり、レイがイギリスで日本政府公債を発行して資金を調達したことが判り、政府部内で大問題となった。大隈と伊藤はその事後処理のため奔走し、政府は特例弁務使上野景範、同副使前島密をイギリスに派遣した。この件は、レイとの契約を破棄し、オリエンタル銀行を日本政府の代理人とすることによって処理できた。しかし、この間、国内では大久保利通などの参議や当時鹿児島にいた西郷隆盛から、鉄道建設は時期尚早という意見が出て、大隈・伊藤や彼らを支持した参議の木戸が苦境に立たされた時期があった。結局、鉄道導入は取り消しにならず、七〇（明治三）年三月にモレルら日英の技術者によって始められた測量は、続けられた。

井上は、造幣寮・鉱山司が当時大阪に置かれていたので、はじめ大阪にいる時が多かったと思われる。三フィート六インチ（一〇六七㎜）・ゲージの決定にあたって大隈に進言したこともあった。七〇（明治三）年五月から民部権大丞兼鉱山正となったとき、鉱山事務専務となり、東京勤務となった。佐渡金山、小阪銀山、尾去澤銅山視察のため、現地に出張もした。七〇（明治三）年閏一〇月に工部省が新設されると工部権大丞兼鉱山正となり、一二月には工部権大丞専務となった。さらに七一（明治四）年七月には工部大丞になった。大丞（複数）は各省の卿、大輔、少輔に次ぐ地位である。工部省設置後、井上は権大丞あるいは大丞という立場で鉄道にもかかわっていた。同年八月、工部省に一〇寮一司が置かれると、井上は工部大丞兼鉱山頭兼鉄道頭に就任し、ここで明確に政府鉄道部門の責任者となった。九月に工部大輔になった伊藤博文が一一月に岩倉遣外使節団の一員として出発した後、一二月に山尾が工部大丞から少輔に昇任し、伊藤不在の間、工部省の実務を統括する責任者になった。井上は、鉄道開通式が近づいた七二（明治五）年七月、鉱山頭との兼務を解かれ、工部大丞兼鉄道頭となった。

井上が鉄道頭に就任した七一（明治四）年八月当時、新橋～横浜間鉄道では横浜側の線路敷設が一部完了し、試運転が開始されていた。九月に建築師長モレルが死去したが、工事は継続され、鉄道寮は鉄道略則や鉄道犯罪罰例などの法規を制定し、各部門の職制や権限を整えるなど開業の準備を進めた。その上で、七二（明治五）年五月七日には品川～横浜（現桜木町）間で仮に開業し、九月一二日（旧暦。太陽暦では一〇月一四日）には、天皇を迎えて新橋～横浜間鉄道の開業式を挙行した。一〇月には、鉄道導入に功労があったとして、大隈参議、伊藤工部大輔（不在）、井上鉄道頭など五人の日本人、鉄道差配役カーギルら七人のイギリス人が表彰された。七〇年に鉄道導入の責任を追及された大隈、伊藤は、このときには鉄道導入の先覚者とされるようになっていた。イギリス人が表彰されたのは、鉄道創業にあたって、測量、設計、機器輸入、現場の監督から汽車の運転まで依存したからである。当時の鉄道寮では、七二年末で約八〇人、多いときには一二〇人を超えた外国人との良好な関係を維持することは重要な仕事であった。井上はイギリス滞在経験を生かし、良好な関係を維持できたようである。

新橋〜横浜間鉄道開通の後、七〇（明治三）年八月の測量開始以来、平行して工事が進められていた大阪〜神戸間鉄道の完成が近づいたが、井上は工事の進め方などで山尾工部大輔と意見があわず、七三年七月、辞表を提出した。山尾は、長州の豪農の家に生まれ、青年時代に志士として活動し長州藩士となった人物で、井上とともにイギリスに留学した。六六年にはひとりでグラスゴーへ行き、昼間は造船所で修業し、夜はアンダーソンズ・カレッジの夜間学級に通った。井上と一緒に帰国して、長州藩の海軍に勤めた後、七〇（明治三）年四月民部・大蔵権大丞に就任し、横須賀・横浜製鉄所（造船所）の仕事を担当した。井上と同じく工部権大丞を経て七一（明治四）年七月工部大丞になり、八月に造船所担当から工学頭兼測量頭に変わった。同年一二月には工部少輔として井上の上司になり、七二（明治五）年一〇月工部大輔となっていた。井上は山尾に辞表を提出したのだが、欧米から帰国して七三年一〇月に参議兼工部卿に就任した伊藤博文の説得によるのであろう、七四年一月、鉄道頭に復帰することになった。

3　鉄道寮の関西移転と日本人技術者の養成

七四年二月、井上鉄道頭は懸案になっていた鉄道寮の大阪移転を実行した（八一年六月鉄道局を神戸へ移転）。鉄道の測量・建設の現場が関西になったからである。五月から大阪在勤となった。大阪〜神戸間の鉄道の仮営業が開始されたのは、その五月の一一日であった。京都〜大阪間の鉄道については、七六年九月に京都まで仮開業となり、七七年二月五日に天皇を迎えて京都〜神戸間鉄道の開業式が挙行された。

七七年一月の官制改革により鉄道寮が廃止され、鉄道局が置かれると、井上は工部少輔兼鉄道局長となった。当時の鉄道局の課題は、日本海と京阪神地方とを結ぶ、明治初年に計画された鉄道の建設であった。京都〜大阪間鉄道完成の見通しがたつと、井上は建設促進を訴える建議を行った。これを受けて伊藤工部卿が出した要求に応じて、同年二月、政府は京都〜大津間工事着手の許可を出した。しかし、直後に西南戦争が始まったため着工は延期になった。

七八年に発行された起業公債収入の一部が割かれて、京都〜大津間鉄道建設工事が始められたのは、同年八月であった。その前の七七年五月から、鉄道局は大阪駅に工技生養成所を設置し、試験の合格者には測量、土木、機械などに関する教育を行い、現場で実習させていた。日本人技術者の養成には、高給の外国人を減らすという経費節減の目的もあり、京都〜大津間の工事では、養成所出身の技術者たちを責任者とした。外国人には顧問として隧道や鉄橋の設計を託したが、工事とその監督は日本人技術者と職人が行ったのである。井上も技師長を兼ね、しばしば現場へ行き指揮監督を行なった。その結果は良好で、逢坂山隧道（六六五ｍ）は日本人の手で完成し、京都～大津間鉄道約一一・三マイル（一八・二㎞）は、八〇年七月に完成した。工費も軽減され、予定より一割八分少ない支出ですんだ。井上は後に、京都～大津間建設が「本邦鉄道技術上の一発展となす」（『鉄道誌』）と述べている。

七八年当時、京都～大津間の次に建設するのは琵琶湖と敦賀とを結ぶ鉄道の予定であった。優先順位について意見は分かれたが、工事は八〇年三月に開始され、八四年四月に長浜～敦賀間が全通した。その結果、大阪湾と日本海とが鉄道と汽船（琵琶湖）を介して結ばれることになった。この工事も外国人に依存せず、井上は測量と線路の選定、工事の監督を行なった。

当時、井上にとって気がかりだったのは、次の工事の予定が決まらないことであった。工事がなければ、これまで鉄道寮・鉄道局が苦労して育ててきた技術者や職工が離散してしまう怖れがあった。八〇年以後、インフレ対策として殖産興業関係費が抑制され、鉄道建設費が抑えられるなか、長浜から関ケ原への延長工事がやっと認められたのは八二年四月であった。

4　私設鉄道計画を批判

官設鉄道の延長が難しかった八一年、岩倉具視ら日本鉄道の発起人から鉄道局に建設工事を委託したいとの話があった。発起人は経費削減のため工事の直轄も検討したが、結局鉄道局に依頼することにしたのである。日本鉄道は同年五月創立を出願し、一一月に認可された。当初日本各地の鉄道敷設を目的にしたこの会社がまず出願したのは、東京～高崎～前橋間、その途中から青森までの鉄道であった。政府は、以上の区間について開業まで年八分の利子補給、開業後一〇年間あるいは一五年間の年八分の配当保証を約束し、東京～高崎間（後に青森まで）の工事は鉄道局が引き受ける旨の約束もした。井上ら鉄道局幹部は、政府の方針に従って工事を引き受けたが、納得していたわけではない。八二年二月、日本鉄道批判の建白書を太政官政府に提出した（『工部省記録』巻二四の二）。その内容は、日本鉄道の東京～青森間鉄道計画を不急の事業と決め付け、能力・経験ともに優れている鉄道局が建設の主体となる官設鉄道の延長こそ行なうべきである、資金は既成鉄道の利益の一部を鉄道建設費にあてるなどの方法によって調達し、東京～高崎～前橋間、長浜～大垣間に官設鉄道を建設するべきであるというものであった。後に井上は「予は官私を論ぜず、兎に角鉄道の延長其事は何よりも慶事なりと思惟し」（『鉄道誌』）と述べているが、当時は日本鉄道に批判的であった。

井上らの批判にもかかわらず、政府は政策を変更しなかった。伊藤参議や井上馨参議は鉄道会社を承認する方針であり、井上はその方針に従わざるを得なかった。ただし、日本鉄道の工事受託は鉄道局にとって長所もあった。技術者と職工を離散させずにすみ、線路も鉄道局の基準で建設できるからである。鉄道局は自らが建設するつもりで、東京〜前橋間の路線の測量は八〇年にすでに済ませていた。また、建設資材の一部を八一年に発注していた。それで、八二年五月には、川口〜熊谷間の工事を開始し、六月には鉄道局の東京出張所を設置した。このとき以後、井上の東京滞在期間が増えたと考えられる（八四年一一月、鉄道局東京へ移転）。工事は順調で、上野〜熊谷間は八三年七月に仮開業となった。この間、井上は路線調査のため東京から陸前野蒜港までの巡視を行なった。

しかし、井上の私鉄批判が止んだわけではない。八三年三月、鉄道局長は佐々木高行工部卿に対し、私設鉄道の八つの弊害を列挙した文書を提出した（鉄道省『日本鉄道史』上篇）。すなわち、その一、私鉄は収支償わなければ必要な線も延長しない、その二、会社は鉄道を専有し、専売の弊害を生じさせる、その三、会社は資本の増加を恐れ改良しない、その四、重複の線を敷き競争の弊害を生じさせる、その五、一地方の利益を目的とする私設線は、他日一大全線を架する日に重複線となる、その六、会社が多数あれば費用増大し、また紛争が絶えない、その七、会社は運搬謝絶を手段として地方人民を威嚇する、その八、国家有事の際、運賃増加を企てる、という内容であった。井上がこのような私鉄批判の建議を行った背景には、欧米における鉄道の経営形態をめぐる議論があり、また鉄道局が日本で唯一の鉄道技術者・職工の集団を維持し、経験を蓄積してきたという自負があった。さらに、当時の経済不況のなかで日本鉄道会社が資金調達に苦労していたという事情があった。

5　中山道鉄道から東海道鉄道へ

井上鉄道局長は、八三年三月、別に佐々木工部卿に稟議書を提出していた。その内容は、官設鉄道工事の中絶にともなう不利益を避けるために、官設鉄道の営業利益を用いて、関ケ原～大垣～名古屋間、高崎～高田間の鉄道の建設に着手することを提案するものであった。このふたつの建議は成果があった。同年六月、参事院議長兼工部卿代理山県有朋が政府に出した建議書は、鉄道局の提案を容れて、開発効果が大きく軍事的意義もある中山道鉄道を政府が建設するよう訴える内容であった。これを受けて、政府は一〇月、中山道鉄道建設を内定し、資金調達のため、一二月には中山道鉄道公債証書条例を公布した。「予が当日の歓喜は恐らくは生涯無比なり」(『鉄道誌』)と、井上は後に述べている。

政府は東京と関西を結ぶ路線として、明治初年の鉄道導入の際には東海道筋を考えていたが、その後、中山道筋を優先するようになった。相対的に海運、陸運が便利な東海道筋よりも、中山道筋に鉄道を通した方が内陸部の開発に効果があり日本海側との接続も容易になるという考えであった。山県はこれに鉄道輸送の軍事的意義を付加したのである。八三年一一月には、未完成区間建設のための精密な測量と工事が開始された。ところが、木曾渓谷地帯の精密な測量の結果、八六年になって、工事は予測よりも難しく、工期はさらに七～八年必要、工事費は東海道線の一・五～二倍近くかかることがわかった。また、完成後の東京～名古屋間の運転時間も東海道線なら一五時間のところ、中山道線なら二〇時間かかり、営業収支も東海道線の方が有利なのは明らかであった。そこで井上鉄道局長は、八六年七月、東京～名古屋間は東海道線の建設を先行させるべきことを上申した。山県有朋も京浜～京阪神間の早期連絡を考慮し、東海道線への変更を了解していたので、政府はすぐに東海道幹線着工を指示した。その後、工事は順調に進行し、八九年七月一日、新橋～神戸間約三七六・四マイル（六〇五・七㎞）は全通した。明治初年の構想がこのとき実現したことになる。当時、新橋～神戸間の直通旅客列車の運転時間は約二〇時間、下等運賃は三円七六銭であった。この東海道線について、井上は後年、「成功期限は伊藤総理大臣とも協議するところありて、宜しく二三年の帝国議会開会前に全通せしめ、議員の往復に便せしむべしとの目的を立て、一心不乱に指揮監督せしが、料らざりき、竣工迅速にして、二二年中に全線開通し、予定の如く第一議会より議員の乗用に供することを得たりしは最も幸なりき」（「鉄道誌」）と述べている。

6　私設幹線鉄道の免許と鉄道敷設法

鉄道局が、直営の東京〜神戸間鉄道と日本鉄道の東京〜青森間鉄道の建設に技術者と職工を投入していた時期に、民間では私設鉄道の建設計画が進行していた。井上鉄道局長は、八三年七月、鉄道会社の役割は資金提供に限定し、建設・営業・財務は政府が管掌するという方式を主張した。同年一二月に確定した政府の方針は、鉄道の幹線は官設鉄道が担当し、私設鉄道は支線に限定するというものであった。ところが、八六年七月、伊藤博文内閣は幹線についても私設鉄道の建設を認める方針を示した。

八七年三月、松方正義蔵相は伊藤首相に、幹線の建設を希望する九州鉄道、山陽鉄道に保護を与え、建設させるのがよいとする意見書を提出した。これに対し、井上鉄道局長は伊藤首相に内陳書を提出し、軍事的、政治的に必要な路線を政府が建設できない場合、補助金を与えて鉄道会社にまかせることもあり得るが、幹線は鉄道局が担当するのが望ましいとの持論を述べた。また、私設鉄道計画の実態を批判し、私鉄に厳しい条件をつけるよう要望した。しかし、伊藤首相らは、幹線についても官設、私設の鉄道を併存させる方針を変更しなかった。私設鉄道を認めると免許基準を示す法規が必要になる。そこで、八七年五月、政府は私設鉄道条例を制定した。鉄道局の考えにより、この条例に示された私設鉄道免許の条件は厳しく、免許状下付の日より満二五年以後の政府の買収権に関する規定もあった。それでも、八六年度五社、八七年度一一社、八八年度五社、八九年度一五社の出願があった。

鉄道局は、『明治二十年度鉄道局年報』（一八八七年七月刊）と翌年の『年報』で鉄道発起人の無計画性、非現実性、投機性、小規模性を批判した。激しい表現から見て、井上あるいは同じ発想の部下の執筆と考えられる。九〇年春に経済が恐慌状態に沈んだ後に発行された八九年度と九〇年度の『年報』で、鉄道局・鉄道庁（九〇年九月、内務省鉄道庁となる）は鉄道会社批判を行なわなかった。しかし、井上鉄道庁長官は、九一年七月、松方首相に「鉄道政略ニ関スル議」を提出し、今後の鉄道政策についての建議を行なった。国防上、政治上、殖産興業上の役割を考慮すると、鉄道を拡張して重要な土地を結ぶ幹線鉄道網を形成しなければならない。そのために、収益性を無視しなければならない路線もある。鉄道会社は低収益路線あるいは不採算路線を建設しないから、官設鉄道を基軸とする全国的な幹線鉄道敷設計画を策定し、必要に応じて私設鉄道の買収を行なわなければならない。大略このような内容であった。

井上鉄道庁長官の建議を受けて、品川弥二郎内務大臣が提案した新鉄道公債法案・私設鉄道買収法案は、閣議で修正された後に議会に提出されたが、通らなかった。その後、九二年五月、第三回帝国議会に再提出された両法案は、議員提案の諸法案と一括して特別委員会に付託され、折衷されて鉄道敷設法と名づけられた。衆議院で修正された後、両院を通過した鉄道敷設法は、同年六月に公布された。その内容は、全国に幹線鉄道網を形成するために必要な敷設予定の路線を示し、これらは原則として政府が敷設する、私設鉄道の既成線路の買収が必要な場合は政府と会社が協議のうえ議会の協賛を得る、予定路線について鉄道会社から敷設許可を求められた場合は、帝国議会の協賛を経てこれを許可することがあるというものだった。敷設予定線の決定や建設費、私鉄買収価格など、多くの事項で議会の協賛が必要とされた。また、工事着手の順序や資金調達のための公債発行についての諮問機関として鉄道会議が設置されることになった。帝国議会成立後は、政策決定手続きが変わったことを、井上は実感せざるをえなかった。

7 鉄道庁長官を辞任

『子爵井上勝君小伝』は、大略次のように述べている。井上の国有論は民権が叫ばれるなかで官権拡張とみなされ、井上に対する人身攻撃のきっかけとなった。井上は、率直な人柄で外交辞令を言わないから代議士に悪い感情を抱かせることがあった。また政府部内にも井上に不満を持つ者がいた。井上について、根拠のない悪評が乱れ飛んだ。民党が政府攻撃の材料とするのを見て、井上は政界全局に影響がおよぶのを怖れ、辞表提出を決意した。

鉄道庁は、九二年七月以後、逓信省所管となっていた。時の逓信大臣黒田清隆は井上の自宅を訪ねて慰留したが、井上の決意は変わらなかった。その結果、九三年三月、辞表は受理され、井上は実質で二一年一カ月におよぶ政府鉄道部門の長としての職務を終えた。

井上勝が七一（明治四）年八月、数え二九歳の若さで鉄道頭になったのは、当時の政府部内において数少ない鉄道に関する知識・判断力を備えている人物のひとりであったからであろう。鉄道関係の外国人、特にイギリス人たちの要望を聞き、こちらの要求を述べ、時には難しい交渉を行なう仕事の担当者としても適任であったと考えられる。

政府鉄道部門の長としての井上の目標は、鉄道を延長して、重要な海港・湖沼河川・道路と連絡する幹線鉄道網を建設することであった。堅牢でしかも不採算路線を含む幹線鉄道網を建設できるのは、政府鉄道部門しかない。これが彼の持論であった。ところが、政府は、財政資金の配分の点で井上の期待に応えない時があった。また、井上は日本鉄道を例外として認めたが、幹線を経営しようとする他の会社を認めなかった。自分の信念に反する内閣や軍部の方針、たとえば路線の位置や広軌化問題に対して、しばしば激しい批判を含む建言を行なった。それにもかかわらず、井上が鉄道部門の長としての地位を維持したのは、批判される側が井上の技術者として堅実で一徹な側面を理解していたからであろう。また、井上の方にも自分の主張が通らなかった場合は我慢をし、成り行きを見ながら次の機会を待つところがあった。さらにまた、人間関係もあったであろう。上司は長州出身者が多く、井上の個性を理解できる人間が多かった。井上の鉄道頭時代の上司は、伊藤博文工部大輔（工部卿）、山尾庸三工部少輔（大輔）であった。井上の工部少輔兼鉄道局長時代の工部卿は、伊藤博文、井上馨、山田顕義、山尾庸三まで、つまり八一年一〇月まですべて長州出身であった。中でも伊藤、井上馨、山尾は、イギリス留学をともにした人たちである。その後、井上が工部大輔兼鉄道局長時代の工部卿佐々木高行は土佐出身だが、佐々木が留守の間は、工部卿代理を長州出身の山県有朋参事院議長または伊藤博文参議が勤めた。内閣制度発足後、鉄道局が内閣直轄になったときの首相は伊藤博文であった。井上が内務省鉄道庁長官時代の内相は長州出身の品川弥二郎だった期間があった。このような人間関係は、井上が強烈な発言をしつつも地位を維持できたことに関係あるように思う。しかし、帝国議会の発足後、事情は変わった。井上の主張は民党によって認められず、「鉄道ノ政略ニ関スル議」の幹線官設主義は修正された。井上にとって、辞めるべき時であった。

井上在任中に碓氷隧道工事が完成し、辞任半月後の四月一日、高崎～直江津間鉄道は全通した。井上が官設同様に力を入れた日本鉄道の東京～青森間鉄道は、九一年九月に全通していた。九三年四月一日現在、本州を縦貫する鉄道は、青森から三原まで開業し、本州を横断する鉄道は、大阪・神戸～敦賀間、東京・横浜～直江津間が全通していた。九二年度末の開業線路は、官設鉄道五五〇・六マイル（約八八五・九km）、私設鉄道一三二〇・三マイル（約二一二四・四km）、計一八七〇・九マイル（約三〇一〇・三km）になっていた。

井上は鉄道庁長官辞任に際して枢密顧問官になるよう推薦されたが、これを断った。ただし、さきの八七年に井上は鉄道における功績により子爵になっており、九〇年の帝国議会発足後は亡くなるまで貴族院議員であった。また、井上は鉄道関係の公職として鉄道会議議員に選ばれていた期間があった。しかし、貴族院でも鉄道会議でも、議事録に残る発言はしていない。少なくとも公式の場では、かつてのような強烈な発言を行なわなくなっていた。

8　汽車製造会社設立と鉄道視察旅行

井上は常々「吾生涯は鉄道を以て始まりすでに鉄道を以て老ひたりまさに鉄道を以て死すべきのみ」（『子爵井上勝君小傳』）と語っていたという。鉄道庁長官辞任後、井上が積極的であったことのひとつは、日本に本格的な鉄道車両製造工場をつくることであった。輸入依存度が高かったからである。そこで、九六年、岩崎久弥、渋沢栄一などとともに汽車製造合資会社の発起人となり、自分は専任業務担当社員となった。九九年七月には、社長に就任し、大阪工場での営業を開始した。この会社は、先行した鉄道局や鉄道会社の工場のほか、民間の工場にも刺激を与え、国内での鉄道車両や鉄橋などの生産が促進された。

井上はまた九九年、帝國鉄道協会から、伊藤博文、大隈重信とともに名誉顧問に推され、一九〇七年には会長に就任した。国内外の鉄道を巡視して意見を述べたが、かつての部下が技術者として、台湾、朝鮮、満州の鉄道で活躍しているのを見て喜んでいた。軍事あるいは軍事的圧力をともなう鉄道の海外進出に疑問を抱かない点は、当時の多くの日本人と同様であった。

一九〇六年の（幹線）鉄道国有化の決定は、井上にとって宿願が達成されたといえるものであった。井上は、「在職中曾て鉄道国有説を主唱せしことありしと雖、当時不幸にして公衆の容るる所とならざりき、然るに今や此実現を見るに至れり、是れ進歩の現象とは云へ、自から顧みて世運の変遷に驚かざるを得ず」（『鉄道誌』）と、感慨を述べた。

井上は、かねてから欧州の鉄道を視察し、日本の鉄道の改良に役立たせたいと考えていた。一九一〇年五月八日、井上は欧州鉄道視察のため、南満州鉄道、東清鉄道、シベリア鉄道を経由する欧州への旅に出た。糖尿病という持病があったため、周囲の人は長途の旅行を危惧したが、それを振り切っての旅行であった。鉄道院総裁後藤新平の勧めで鉄道院顧問になった井上には、若い随行員一名がついていた。ロンドンでは、すぐにウィリアムソン博士の夫人を訪ね、深く旧恩を謝した。その後の視察旅行が、井上の病を悪化させた。七月下旬、ロンドンに戻った井上はすぐ入院したが、八月二日に死亡した（数え六八歳）。ロンドンでの仮葬儀の後、本葬は九月に東京品川の東海寺で行われ、東海道線と山手線に挟まれた東海寺の墓地に葬られた。

井上勝は、以上に見てきたように約四〇年間、日本の鉄道に何らかの形でかかわっており、鉄道に対する貢献は大きかった。没後、日本の「鉄道の父」といわれるようになるのも根拠のないことではない。特に「国有鉄道の父」と表現することに問題はない。しかし、私鉄を含めた「鉄道の父」と表現することについては、慎重でなければならないと思われる。

第3章

ウォルター・フィンチ・ページ

◎

石本祐吉

現在のピーターバラ駅（2001 年）

1　来日まで

お雇い外国人のひとり、ウォルター・フィンチ・ページ（Walter Finch Page）は一八四三年四月一〇日、英国ノーフォーク州グレート・ヤーマスの仕立屋の家に生まれた。一八五九年、一五歳か一六歳で、七年前の一八五二年に開業したばかりのグレートノーザン鉄道（GNR）に入り、少年書記（lad clerk）を振り出しにさまざまな業務を経験し、来日が決まって同社を退任した一八七四年二月時点でピーターバラの駅長で、勤続一五年であった。ピーターバラは幹線の分岐点にあるちょっとした大駅で、現在ではロンドンのキングスクロスから快速列車で四五分である。一八七〇年三月にリンカーン州ロングサットン出身のケイト・フィールズと結婚して駅前の社宅に住んでいた。

2　官鉄への赴任

英国での人選経過は詳《つまび》らかでないが、英国を離れたページは、あと二日で三〇歳という一八七四（明治七）年四月八日に横浜に到着し、官設鉄道の京阪神地区の代理人兼運輸長（Agent and Traffic Manager）に就任、汽車監察方スミスとともに神戸に置かれた運輸課に勤務した。

京阪神地区の官設鉄道はすでにページ着任直後の一八七四年五月から大阪～神戸間で仮営業を始めていたが、三年後の一八七七（明治一〇）年二月五日、京都～神戸間が正式に開業し、明治天皇ならびに内外の賓客を迎えて盛大な開業式が行われた。

ページはこの日のお召し列車の運転をはじめとする行事全般を見事に取り仕切り、「諸般ノ周旋宜（ヨロシキ）ヲ得」た功により賞を賜っている。

東海道線が全通し、京浜、京阪神の両地区がつながった一八八九（明治二二）年、ページは東京（新橋）に転勤した。

お雇い外国人たちは明治七年以来明治二〇年まで、鉄道局長官宛に毎年、鉄道事業の英文報告書（Engineer's Annual Report）を提出していた。一般に『雇外国人年報』と呼ばれている。東西の建築師長、汽車監察方、運輸長がそれぞれ担当事項を報告し、書記官がこれをとりまとめたのである。

ページは京阪神地区の運輸長として、その中の列車輸送、運転状況、旅客・貨物等の輸送量、収

When and where born（出生の日および場所）	Tenth of April, 1843, Howard Street
Name（名前）	Walter Finch
Sex（性）	Boy
Name and surname of father（父の姓名）	William Philip Page
Name, surname and maiden surname of mother（母の姓名、旧姓）	Deborah Page, foremerly Finch
Occupation of father（父の職業）	Tailor

ページの出生記録の要点（英国 GENERAL REGISTER OFFICE 発行）
原本は大阪産業大学、林田治男教授提供

入、事故等について報告していた筈であるが、残念ながらこの年報はほとんどが散逸しており、現存するのは明治一八年から明治二〇年までのものと、三七年後の大正五年発行の『帝国鉄道協会会報』にたまたま全文収録された明治一二年のものだけである。後者は国会図書館で見ることができる。

『日本国有鉄道百年史』（一九六九年、日本国有鉄道）第一巻には、明治一八年度から明治二〇年度までの『雇外国人年報』の、ページによってなされた各前年度の神戸～大津間の事故報告のまとめが紹介されている。

この他に、当時のお雇い外国人の動向を知る資料として、『工部省記録』がある。これは工部省が廃止となった明治一八年までの公文書の綴りで、元々は筆で書かれていたものらしいが、その内の鉄道関係を日本国有鉄道総裁室修史課が活字に起こしたものが国会図書館などに所蔵されており、我々はこれを見ることができる。

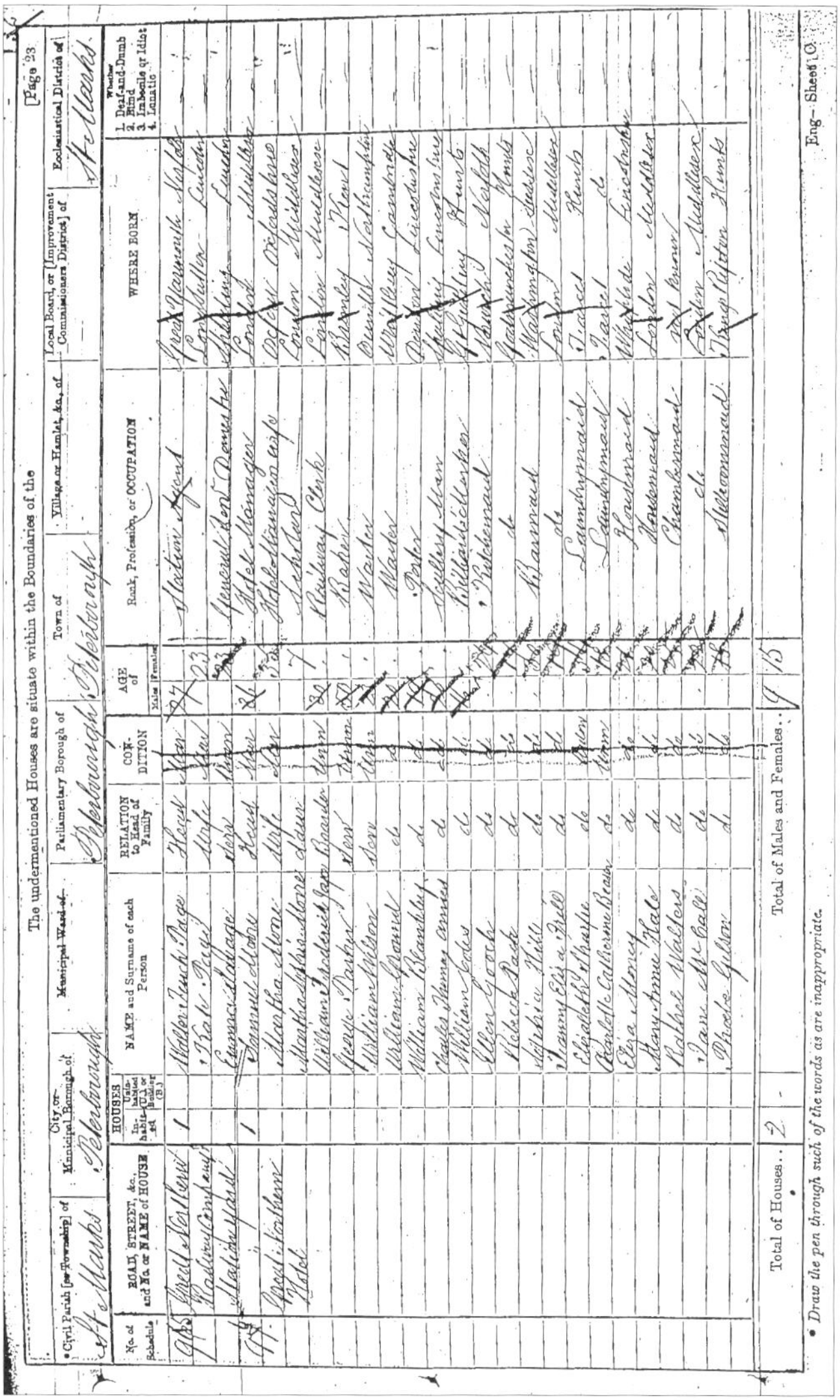

1871 年英国国勢調査
ピーターバラ在住当時のページ一家（上から3行）
ピーターバラ市中央図書館提供

巻三八まである膨大なものだが、活字化の際に適当にまとめ、分冊になっている。丹念に繰って見たが、ページの名は意外に登場しない。例の京都開業式の後の賞を出したいという「お伺い書」があった位である。他の外国人については国内旅行の許可だの、昇給の件だの、いろいろお伺いが出ており、それに対する裁可や捺印などが記録されていて、お雇い外国人全般に関しては参考になる情報が多々あったが、ページに対する案件は見当たらないのである。大冊ではあるが、工部省の業務が漏れなく記録されているわけではないようで、口頭で済ませたケースもあったのだろうか。

3 ページとダイヤ

運輸長の日常業務については、『日本鐵道史』（一九二一年、鐵道省）下篇の「調査」の項に、

神戸ニ在リテハ傭英國人「ページ」明治七年以來運輸一般ヲ提理シタリシカ後邦人職員旅客貨物及計算ニ従事スルニ至リ運轉ノミヲ主管セリ

と記載されており、運転全般、例えばダイヤの作成なども重要任務であったものと思われる。

『日本国有鉄道百年史』第一巻の「列車計画」の項によれば、営業路線が延び、列車の種別・回数

が増加し、また旅客、貨物の動向に応じた列車設定が要求されるようになると、列車計画の仕事も容易でないものとなった。すなわち、

このような時期に来日し、神戸在勤運輸長・新橋在勤運輸長を勤めたウォルター・フィンチ・ページ（Walter Finch Page）は、ダイヤ（train diagram 列車運行図表）を用いて列車の計画を行なった。

なお、日本人職員がこれを手がけるようになったのは、明治二〇年代中ごろ以後のことである。

と書かれている。

なおこの『日本国有鉄道百年史』の第六八一ページには、ページ自筆、英文の「名古屋・岐阜間列車時刻改正（明治二五年三月）原案」が『鉄道庁事務書類』（巻五）に収録されていると書かれており、この時期、なおページが列車計画の仕事を独占し、邦人職員には時刻表に書き改めていたものを示していたことを証明するものだとしている。

4　ページ先生の秘密

ここで、鉄道史関係のさまざまな書物に登場し、よく知られている「ページ先生の秘密」にふれておきたい。

このエピソードは、鉄道省内の「伝聞」として語り継がれたものだが、運転計画を更新するとき、ページ先生は他人を遠ざけて自室に籠もり、新たな「時刻表」が出来上がるとそれを日本人職員に渡すのだが、どうしたら反対方向の列車がちょうどうまい時刻に駅に到着し、衝突することもなく出発して行くのか、日本人には長い間謎であった。あるとき、ページ先生が部屋の鍵をかけ忘れたのを幸い、機会を狙っていた日本人が家探しして机から「ダイヤ」を発見し、時刻表作成の謎が一度に解けてしまった、というのである。

秘密を守ろうとするページ先生をことさら悪人扱いした上、それを暴かれた先生は存在意義を失い、すごすごと帰国した、などと尾ひれをつけた書物さえ珍しくない。

英国の鉄道では当時からダイヤが使われていたであろう。そして当然、ページ先生もこれによって運転計画を作っていたことと思われるが、運輸長といえば当然個室が与えられていたであろうから、部屋で作業をすること自体、何ら不思議ではない。机に鍵を掛けるのは、自己責任のヴィクトリア紳士とすれば当たり前の習慣である。ダイヤを秘密にしなくても、当時の日本人職員には、時刻を座標軸にとるなどということ自体、理解不能だったのではないか。だから、分かりやすい時刻表の形にしてから日本人に渡すのは、むしろ親切だったのである。禅語に「啐啄同時《そったくどうじ》」というが、このようなノウハウは、機が熟し、相手が理解できるようになった段階で教えるのが最もよい。

もっぱら「ページ先生の秘密」が語られるようになったのは、日本人が賢くなった、後の時代のことであり、特に米英を敵としていた時代の書物には、相当なバイアスがかかっていることに注意が必要である。

5　ページの実像

前出『日本鐵道史』上篇の「傭外国人」の項では、

> 運輸長「ウォルトル、フインチ、ページ」(W. F. Page) ハ明治七年二月傭聘セラレ神戸ニ在勤シ十年二月開業式ニ際シ御召列車運轉ノ廉ニ依リ賞ヲ賜ハリ二十年三月勲四等ニ敍セラル、後二十二年東海道線全通後東京ニ在勤シ全般ノ運輸事務ニ盡瘁シ功勞尠カラズ、二十七年七月勲三等ニ陞《のぼ》リ三十一年十二月勅任取扱ト為リ在職二十五箇年餘ニシテ三十二年三月解傭セラル、爾来日本政府ヨリ恩給年金ヲ受ク
>
> (ふり仮名、筆者)

と記載されている。

すごすご帰国したなどとはもっての外で、ほとんどのお雇い外国人が当初の三年契約を待ちかねたように解雇され、帰国したのに対して、ページ先生は契約が無期限に延長され、一八八七年勲四等、九四年勲三等と叙勲を重ね、最後には勅任待遇にまでなって九九年の停年満期まで勤め上げたのである。

勲章のついでに他のお雇い外国人と比較してみると、ページより一年早く来日し神戸でも上席だった建築師長シャーヴィントンが帰国後の一八八九年に勲三等、九九年に旭日中授章となっていてページより格上の感があり、やはりページよりも早い七一年に来日し、お雇い外国人のまとめ役でもあった書記官オールドリッチが一八九七年に解雇となるまでに勲四等、勲三等、勅任待遇、勲二等に叙せられているが、あとはトレヴィシック兄弟（機関車の父と呼ばれたトレヴィシックの孫）がそれぞれ在任中に勲四等、帰国の際に勲三等を貰っている程度である。

在任という点で見ても、当初二百数十名いたといわれる鉄道関係のお雇い外国人の中で、筆者が数えた限りでは一八八九年時点で残っていたのはページのほかにわずか四人、ページ退職の一八九九年時点では職工長のマクドナルドとR・トレヴィシック（兄）のふたりだけであった。

ほとんどが単身赴任だったお雇い外国人の中で、新婚間もない妻を連れての来日というのも、ページの存在を際立たせている。腰掛けの出稼ぎではなく、腰を据えての赴任だったのである。当初からその意気込みだったかどうかはわからないが、少なくともある時点からは、この国の鉄道で停年まで働くぞ、という心構えができていたのであろう。

なお、ページには運輸長のほかに代理人という肩書があったが、これは何を意味するのであろうか。ページの業績としては、運転にかかわることがらのほかに車両の製作を指導していたことがわかっている。

山田直匡『お雇い外国人・交通』（一九八六年、鹿島出版会）によれば、

> 鉄道用貨車製造に所用の物品（チーク材、車輪、車軸など）をイギリスより購入する場合、神戸運輸課のページ（Walter Finch Page）から建築師長ボイルに要求が出され、……オリエンタル銀行へ向け発注される。（中略）
>
> この年、すなわち一八七五（明治八）年五月、神戸工場においてはじめて国内産の材料（車輪、車軸などはイギリスからの輸入品）で客貨車が製作され、漸次量産に移行し、一八七六年にはページの指導のもとで貨車六十両を製造中であり、……

などの記載がある。

ところで、ページが官設鉄道で時刻表以外の問題でも頼りにされていたのはいうまでもないことだが、その一端を垣間見る資料として、諸外国の旅客および貨物の運賃制度について問い合わせる一八九四年四月二五日付け鉄道局長官松本荘一郎からの書簡が、ページのスクラップブック（後述）に収められている。貴族院の事務局から松本長官に照会があり、ページに助けを求めてきたケースである。

6　官設鉄道後のページ

これまで官設鉄道退職後のページの消息を伝える文献はほとんどなく、わずかに『鉄道先人録』（日本交通協会編、一九七二年）が、「退職後は横浜のシェル石油会社の重役となった。」と伝えているのみである。

横浜開港資料館所蔵の『幕末明治　在日外国人・機関名鑑』（Japan Directory）によって調査した結果では、官設鉄道退職の一八九九年版で、山下居留地二七番地にあった英国系商社「サミュエル商会」にページの名がある。翌一九〇〇年版では同番地にシェル石油の代理店が登場し、ページの名はこちらの石油部門のマネージャーとして記載されている。さらに一九〇三年版になると「ライジングサン石油会社」が設立され、ページはシェルのマネージャーであると同時にライジングサンの筆頭重役である。

サミュエル商会は当時、機械と石油の輸入を中心として成長を続けており、恐らく鉄道部門の輸入品も扱っていてページには旧知の間柄だったのであろう。鉄道を退官したページは、いわばそこへ天下ったのである。そのサミュエルが浅野総一郎の石油部門を買収して一九〇〇年に設立したのがライジングサン石油会社で、昭和シェル石油の前身である。

余談になるが、当時のサミュエル商会に野口復堂（善四郎）という面白い人物がおり、ページと親交を結んだ。野口の著書『大鼎呂』（国会図書館所蔵）には、ページに同行して新潟の石油探査に出かけたときのエピソードも記されている。

7　一旦日本を離れる

ページは四年ほどでサミュエル商会を退き、一九〇三年一〇月、単身でカナダに渡った。永住のための下調べが目的だったようである。そしてその足で英国に回り、翌一九〇四年二月、ケント州ジリンガムの親戚を訪ね、この地で新聞記者のインタビューを受けていることが例のスクラップブックの切り抜きで分かる。

一九〇五年五月、周布《すふ》神奈川県知事や三上東大教授らの立ち会いで横須賀の按針塚の発掘調査が行なわれた。三浦按針ことウイリアム・アダムスの墓は終焉の地である長崎県平戸にあるが、このときの調査で横須賀の按針塚は墓ではなく、単なる供養塔であることが確認されたのである。新橋や横浜から列車に乗り込んだ調査団一行をページが逗子駅で出迎えたとの記事がスクラップブックに収められており、カナダ、英国の旅の後、日本に戻っていることが分かる。偶然だが、ページが行ってきたばかりの英国ケント州ジリンガムは、ウイリアム・アダムス生誕の地である。按針塚で、さぞや話も弾んだことであろう。

8　永住の地カナダへ

一九〇六年一〇月一七日、ページ一家は日本郵船「丹後丸」で日本を引き揚げ、永住の地、カナダのヴィクトリアへ向かった。

何がきっかけだったのかは不明であるが、一九〇七年にヴィクトリアに近いウエストミンスターで、靴の踵（ヒール）を革でなく合板で作ろうという工場を設立したものの失敗に終り、結局この土地は売却された。

一九一四年から一八年まで戦われた第一次世界大戦の際に、ロンドンのハドソン・ベイ会社に臨時組織である戦時班が設けられたが、ページは一九一五年から二一年までの七年間ここに勤務し、

リンダ・アダムスさんと筆者（1999年）

フランス政府向けのカナダ〜英国間の船舶輸送を取り仕切った。これは遺品から発見された書簡からわかったことであるが、七三歳から七九歳までの勤務だったことになる。

以後はどこかで働いたという形跡はない。カナダに戻って、健康な毎日を過ごしたようである。八六歳というから、おそらく一九二九年に、カナダのヴィクトリアで死去した。

9　ページの遺族と遺品

ページの遺族（子孫）が現在カナダに住んでおられる。一九九六年、孫にあたるシシリー・グラントさん（当時八二歳）という女性から、ページの遺品が当時東京神田にあった交通博物館に寄贈されている。「京都神戸間鉄道開業式式次第」や英文の契約書、写真など、あわせて一五点ほどであるが、交通博物館では、早速その一部を特別展示したという。その中に、ページ本人が生涯かけて作り溜めた一冊のスクラップブックがあり、本人のコメントは一切ないが自分に関係ある記事、あるいは関心のあった英字新聞の切り抜きがびっしりと貼られている（本稿の重要な情報源のひとつである）。なおこれらの品々は現在、大宮の鉄道博物館に引き継がれている。

その後、一九九九年夏に曾孫にあたるリンダ・アダムスさん（当時四三歳）が来日され、筆者もお目にかかることができた。そのときもページの手元にあった何点かの手紙などを持って来られ、コ

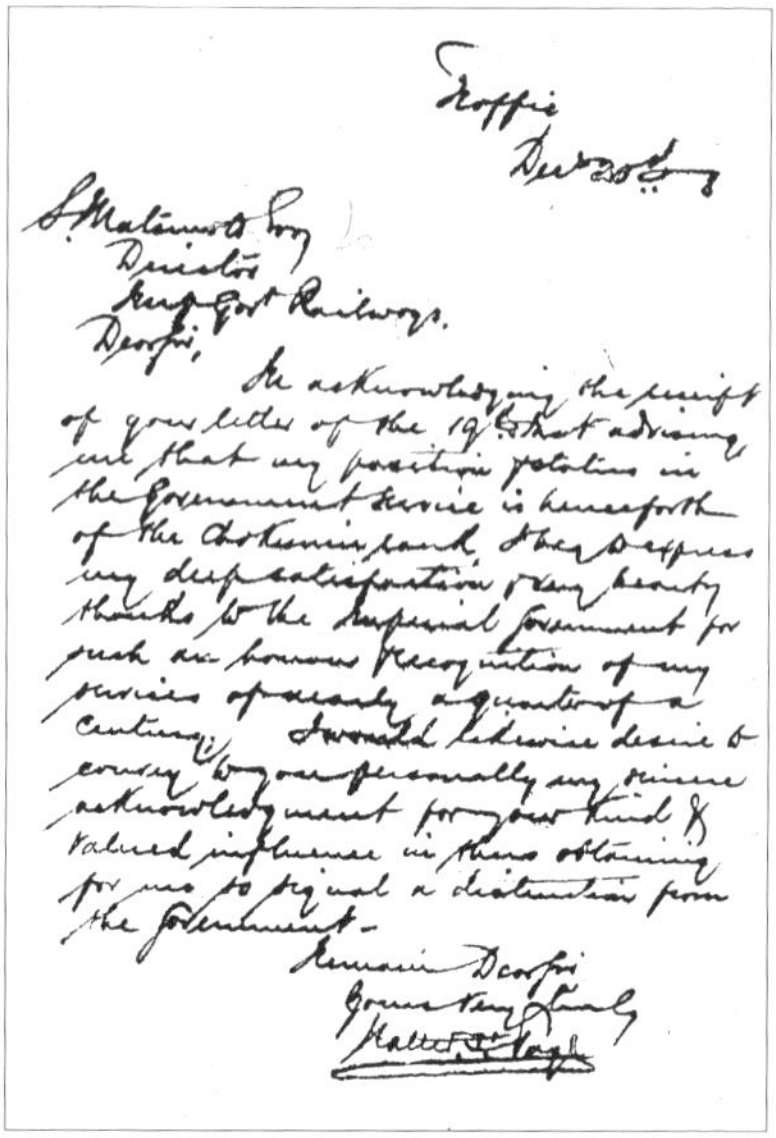
Tokio
Dec 20th

S. Matsumoto Esq
Director
Imp. Govt Railways.
Dear Sir,
In acknowledging the receipt of your letter of the 19th inst advising me that my position & status in the Government Service is henceforth of the Chokunin rank, I beg to express my deep satisfaction & my hearty thanks to the Imperial Government for such an honorable recognition of my services of nearly a quarter of a century. I would likewise desire to convey to you personally my sincere acknowledgement for your kind & valued influence in thus obtaining for me so signal a distinction from the Government.
I remain Dear Sir
Yours very truly
Walter F. Page

ページ自筆書簡
松本長官宛、叙勲通知の礼状
リンダ・アダムスさん提供

スクラップブック
東京神田・交通博物館（当時）所蔵

ピーを頂戴した。

この他に、カナダ在住の日本の方が、遺族から見せてもらったというページ秘蔵の絵手紙がある。前記のサミュエル商会にいた野口復堂が、一九二四年にページに送った、巻紙に筆で書かれた長大な英文の手紙で、前年の関東大震災の東京や横浜の様子が達者な絵入りで子細に伝えられている。その中に、名倉氏からもよろしくというようなことが書かれているが、その名倉氏とは、あの「ページ先生の秘密」で、ページの机の中からダイヤを盗み出したとされる当時の国鉄職員、名倉竹次郎その人である。「事件」からゆうに三〇年は経っているだろうが、なおふたりの親交は続いていたのであり、秘密だの盗むだのという間柄ではなかったことが、これを以てしてもわかるではないか。

10　ページの自宅と家族

前記の『幕末明治　在日外国人・機関名鑑』を年毎に調べた結果によると、神戸時代の自宅はもちろんいわゆる「外人居留地」で、ページ邸は当初はその三五番、一八八四年からは八〇番に移っている。

居留地は三宮から元町にかけての海岸寄りの一帯で、現在はデパートや銀行の入った高層ビルで

SEA-SIDE RESI ENCE FOR SALE.

Eyton & Pratt

have received instructions from

W. F. PAGE, Esq.

TO SELL BY

PUBLIC AUCTION

EARLY IN OCTOBER,

(If not disposed of previously)

His Commodious & Substantially Built

RESIDENCE

At Togo-no-hama, Dzushi.

10 Minutes' Walk from the Dzushi Station.

The Land Measures 1,000 Tsubo.

The House, exclusive of Servants' Quarters, Covers 97½ Tsubo, and Contains:

A Drawing Room 80 ft. × 21 ft.

A Dining Room 32 ft. × 21 ft.

5 Bedrooms down stairs and one Large Room upstairs.

4 Bath Rooms in the house and one large Bathroom outside for sea bathers.

There is a Large Front Glassed-in Verandah 70 ft. by 11 ft., also a glassed-in Back Verandah. Cellar, Store Rooms and Cupboards, 2 Wells, 1 of excellent Water.

Large Tennis Lawn.

Servants' Quarters, Fowl Houses, etc.

The Residence is Charmingly Situated on the Beach facing Oshima and the distant Mountains of Idzu.

It is most substantially built; has Oregon Pine Floors to the Rooms and Verandahs, and is in excellent condition.

For Cards to view, apply to

THE AUCTIONEERS.

ページ邸の売却広告
日本引き上げで逗子の邸宅を処分（同じ広告が複数回複数の新聞に見られるが、これはThe Japan Gazette, 1906.9.10付）

埋めつくされた繁華街であるが、国道二号線がかつての海岸通り（バンド）であった。居留地内部の通りの名前や番地は当時のままなので、西端のメリケンロードに面した西町三五番は現在の三井日生神戸ビル、居留地中央の京町八〇番は現在のクリエイト神戸である。いまのビルひとつ分の敷地に外人一家族が住んでいたわけである。ちなみに勤務先である官設鉄道のオフィスはひと駅西の神戸駅にあった。

東京転勤後の一八九〇年以降は二回の例外（鎌倉、築地）を除いて横浜山手住まいで、当初は山手（ブラフ）六一番、ついで四九番、最後は二〇三―Bに移っているが、引っ越す度に敷地は広くなっている。四九番は現在、フェリス女学院中・高等部のあるところ、二〇三―Bは現在の横浜学院女子中・高校の場所で、ページ家が転出した当初はベルギー領事館と領事公邸となっていた。

一九〇二年以後は新橋までの通勤の必要がなくなったためか、当時別荘だった逗子を住居にしており、日本引き揚げに際してこの家を競売に出したお蔭で新聞広告からその規模がわかる。敷地は一〇〇〇坪、建物は使用人用の別棟を除いて二階建てで九七・五坪である。駅から徒歩一〇分の「東郷浜」というから、現在の東郷橋に近い海岸だったようだ。

つぎにページの家族だが、英国の国勢調査や前記の『幕末明治　在日外国人・機関名鑑』、それに当時の新聞記事等から総合すると、前記のケイト夫人の他、男の子がノエル、ケネスのふたり、女の子がケイト、アデリー、ヘレーナ、ガートルード、ドロシー、ヒルダの六人（いずれも年齢順）、計二男六女である。ケイト、アデリーは双子で、次が長男のノエル、あと女の子が続き、末っ子がケネスのようだが、下の方の順番や年齢はよくわからない。前記の来日したシシリーさん、リンダさんはいずれもノエルの子孫である。

ページ家在日中にヘレーナまでの娘上三人が結婚し、ガートルード、ドロシー、ヒルダの三人は両親とともに日本を離れてカナダへ向かったが、男の子については不明である。

ページの家族
夫妻と２女１男、神戸での撮影（明治 14 年頃）
東京神田・交通博物館（当時）所蔵

11　おわりに

本稿は、その都度明記した文献のほか、筆者の二〇〇一年六月のピーターバラ現地踏査、横浜開港資料館における当時の英字新聞の調査等に基づくものである。なお、出生、結婚データの「英国登記所記録」、そして国勢調査の一部は大阪産業大学、林田教授にご提供頂いた。

こうして、これまでわが国で生没年すら不詳とされてきたページについて、ほぼ全貌を明らかにすることができた。調査成果の中にはスポーツや音楽などの趣味関係や、家族などの私生活にかかわるものもいろいろあるのだが、本稿では紙幅の関係から大部分を割愛した。これらを含めたすべてをできるだけ早い機会に公にすべく準備中である。林田先生をはじめ、ご協力頂いた皆様に御礼申し上げる。

第4章

雨宮敬次郎

◎

小川　功

筆者はハイリスクをひたすら探求する「虚業家」[1]を研究してきたが、「投機界の魔王」「傀儡師」[2]と称された雨宮敬次郎（以下雨敬と略）は典型的な「虚業家」的性向の持主でありながら破滅を免れてきた不思議な人物として着目してきた。雨敬は一八四六年一〇月二四日（弘化三年九月五日）、甲斐国奥野田村の名主の家に生まれ、甲州の特産品を江戸に運んで巨利を得る一方、買い占めなど短期的な転売益を極限まで追及して失敗するなど、浮沈が激しい相場師的存在であった。一方で甲州財閥の有力な一員として早くから鉄道事業の将来性に着目し、甲武鉄道、北海道炭砿鉄道、川越鉄道、東京市街鉄道、京浜電気鉄道、江ノ島電気鉄道など多数の私鉄経営に深く関与した。萩原為次は『素裸にした甲州財閥』の中で雨敬の特色を、「己れが計画した事業は、総て第一線に立って経営に当り、然も会社の経営上常に新機軸の発見に努力」[3]したと指摘する。

雨敬の経歴を見ると甲武、北炭など大規模な幹線鉄道経営にかかわった典型的な資本家が同時に、なぜ豆相人車《ずそうじんしゃ》鉄道（後の熱海鉄道）といった小規模で、最低規格の純粋観光鉄道の創立・発展へと向かったのかという素朴な疑問が生ずる。また鉄道国有化を早くから主張した人物が、あまり儲かりそうもない地味で気長な地方の「蒸気軌道」事業を、他に類を見ない広い地域にまたがる私鉄形態で本格的に経営しようと晩年の情熱を傾けたのかも不思議である。ここでは「営業収入ノ内貨物収入ハ極メテ微々タルモノニシテ、大部分ハ旅客収入」[4]で、かつ「其大部分ハ全線ヲ乗車スル」（復命書）というほぼ完全な観光旅客専用の熱海への鉄道創設を手がかりに、雨敬という相場師の今ひとつの別の意外な側面を探りたい。雨敬に関しては「記録もなく手控もなく、唯想ひ出せし事柄を速記に書かせた」[5]（『過去六十年事蹟』）という自叙伝のほか、『軽便王国雨宮』[6]、『幻の人車鉄道』[7]などの優れた先行研究に負うところが多く、謝意を表したい。

1　豆相人車鉄道

一八八六年頃から検討が開始され、一八八八年五月に測量を経た小田原〜熱海間の鉄道敷設計画は、一八八九年四月に雨敬と熱海の有力者石渡喜右衛門ら計二一名によって出願された。雨敬の回顧では「熱海の有志の樋口、藤屋、露木と云ふ人が出て来て熱海に鉄道を架けて呉れと云ふ」（事蹟、三一四頁）とある。樋口忠助（豆相人車鉄道の委員・監査役に就任）は旅館・気象萬千楼（樋口旅館）、露木準三（同社委員に就任）は露香館（露木屋）、石渡喜右衛門（同社監査役に就任）は富士屋の各主人であり、三名とも熱海を代表する観光業者であった。露木と石渡らは内田市郎左衛門らとともに一八八〇年の熱海の新道開削にも尽力するなど、交通に恵まれぬ熱海町の社会資本整備に取り組ん

雨宮敬次郎

だ名望家でもあった。雨敬は「それは宜からう。私が一ッ人車鉄道をやってやらう。さうすればどんな病人でも行けるから」（事蹟、三一四頁）と即座に大賛成したという。その頃、雨敬は一八八一年に肺患に罹り、主治医の「橋本〈綱常〉さんの言に従ひ、熱海へ養生に出かけ」（事蹟、一一五頁）、同行出来ないノブ夫人はコックを同行させ電報で毎日の献立を指示したほど、夫の看病には献身的に努めた。転地療養の甲斐なく一八八三年に死亡した親友の田中平八（糸平）と明暗を分けた雨敬の病状は好転、「熱海に転地療養をしながら静かに考へた結果……相場師から足を洗ふことに決心し……軽井沢に荒地を買って植林事業を計画するなど、打って変った地味な事業に進むやうになった」（甲州、一二四頁）とされる。雨敬にとって人生の大きな転機となった熱海での常宿が前述の樋口旅館であった。一八八四年発行の『熱海文藪』には「本日浴楼樋口ノ新功成ルヲ以テ……該楼頗ル宏壮且ツ清潔ナレバ、後来浴客ノ愛顧ヲ得ルヤ必セリ」とあり、雨敬、糸平らが顧客となった。頻繁に熱海へ療養に通う雨敬は「小田原から熱海まで人力車に乗って行くと、人力車に乗って揉まれた為めに尚更吐血した。……どう云ふ病気にしろ此道を人力で行くと病気を重らすのみである。之れは何するよりかも軌道を敷いて人足に押させるのが一番宜いと云ふ念慮を起した」（事蹟、三一三頁）とする。設立の動機は相場師でも投資家でもなく、病身の一旅客としての切実な発起であった。

紆余曲折を経て一八九三年一〇月に豆相人車鉄道が設立され、委員長高嶋徳右衛門、委員雨宮敬次郎、樋口忠助、露木準三、監査役石渡喜右衛門、横山孫一郎、支配人小松精一であった。雨敬は当初、株主に期待していた岩崎家をはじめ「其外誰も持ち手がない。三年経っても五年経っても株か寄らない。仕方がないから自分一人ででも遣っ付けて仕舞へと云ふので遣掛け」（事蹟、三一五頁）、「豆相人車鉄道ヲ創始シ自身社長トナリテ之ヲ経営」（事蹟、四一八頁）した。一八九五年七月一〇日、まず熱海～吉浜間一〇・四km（六哩四〇鎖）を部分開業し、翌年三月一二日には吉浜～小田原間一四・四km（九哩）を、一九〇〇年六月二〇日に小田原町内〇・五km（二六鎖）を順次開業し、ここに全線開通した。豆相人車鉄道は旅行案内書に、「小田原の馬車鉄道停車場より七八町、早川橋のほとりに人車鉄道の停車場及び荷物取扱所あり、茲より人車鉄道に乗れば米神、江ノ浦、城口、吉浜、門川口、伊豆山を経て三時間にして熱海に着す。この人車鉄道といはるは近年開設せしものにして、熱海に至る里程十六哩半（四里三町）客車は下等八人、中等六人、上等四人を載すべき小形のものにして、其道には軌条を設け、人夫二人にて之を押し行く仕掛なれば、通常の人力車の如く道の凸凹なるが為め車の動揺又は転顛覆すべき憂ひなく、安全にして軽快、其の賃銭は小田原、熱海間下等三十三銭、中等六十六銭、上等一円、別に一車貸切の法もあり。且つ荷車もありて荷物の運送も軽便なるべし[8]」と紹介されている。「世界

豆相人車鉄道の一風景

無比　人車鉄道の案内」にも「人車鉄道は安全にして線路は海に沿ひ巍峨たる山腹を繞くり一転瞬毎に眺望の佳趣を替ゆ。車体は構造美麗にして走行中震動少なく、且つ完全な緩急機ありて之を操縦する車丁は何れも錬磨を経て其巧妙殆んと神に入り、一度乗り試みられたる人々の常に賞賛さる処なり」(9)とある。一九〇六年四月「熱海鉄道発着時間表」の裏面には「一、客車進行中は必らず片寄らざる様、且つ車外に手又はおつむり等を出さぬ様御乗車相成度候。一、乗車切符は其発車の度に限り有効のものと御承知被下度候。一、昼食は可相成丈御携帯相成度候。一、車丁に於て乗客に対し不敬を為し、又は不都合の所為有之候時は最寄停車場の者へ御通知被下度候。一、手荷物は停車場付近なれば配達し規定の賃銭を申受候。一、手当又は何れの名義を以てするも、車丁へ金銭物品等御投与被下候事御断申候。一、伝染の虞れある病人、瘋癲者、悪疾にて臭気厭ふべき者、泥酔者は乗車を謝絶する事可有之候」(10)との「乗客の御心得」が列挙されるなど、現実には賞賛されるほど安全軽快とはいかなかった様子もうかがえる。逓信技師の島安次郎は「別子銅山上部鉄道ノ他、未タ之ト類ヲ同フスルモノアラス」(復命書)とし、「地勢頗ル険悪ニシテ海岸若シクハ山腹ノ高所ニ沿ヒタル箇所甚タ多ク、且其大部分ハ急ナル勾配ト鋭キ曲線ヲナシ」(復命書)と評した。

2　熱海鉄道

一九〇六年には「従来小田原熱海間唯一の交通機関たりし豆相人車鉄道にては人力に依る同鉄道の動力不足を遺憾とし、今回軽便機関車を採用し動力を蒸気に変更するの許可を得ると共に、熱海鉄道株式会社と改称し、線路に大改良を加ふる事となり、準備全く整たる由にて、工事施行の認可次第、直に着手し第一区（小田原江の浦間）は遅くも明春一月下旬迄には運転開始の筈にて時間も非常に短縮する由なれば、竣工後は同地方交通上に一新生面を開くに至るべし[11]」と報じられた。『営業報告書』でも避寒シーズンには「乗客多クシテ何時モ荷物ヲ充分ニ運搬スル能ハサリシ[12]」と輸送力の限界を告白するが、「其後の成績常に面白からざると、人車の不体裁不完全なる上、危険亦少なからざるに鑑み、断然動力変更の議を決して之が認可を申請[13]」した。一九〇七年四月二四日に軌道線路改修工事施行認可を得て、「軌間二呎を二呎六吋に、軌条の九封度を十八封度に取換へ、小田原、石橋字榎戸間の一哩半は請負工事として敷設せしめ、熱海、湯ケ原間の五哩は直営工事とし、榎戸、湯ケ原間の九哩半は鉄道大隊より将校以下約二百三十名出張し敷設に着手[14]」、一九〇七年一一月二八日「最先ニ軌道ノ敷設ヲ了セル熱海、湯ケ原間ヲ機関車ヲ以テ営業ヲ開始シ、越ヘテ十二月二十四日ニハ全線開通」（報告、一六頁）した。蒸気動力に転換した熱海鉄道は「私設鉄道法ニ

納涼車両

依ル鉄道ノ如ク賃率ニ関シテ厳重ナル制限ヲ受ケス、比較的高額ナル賃金ヲ収入シ、然モ尚往々ニシテ座席ノ不足ナルカタメ旅客ヲ謝絶スル在様」（復命書）であった。熱海鉄道が夏期に導入した納涼車両の写真を掲げておく。

一二万円を増資後の一九〇八年三月末の大株主は雨敬（社長）旧九一〇株新九四五株、栗生武右衛門（株式仲買人）新三〇九株、雨宮亘（雨敬の養子）旧一〇〇新一〇〇株、岩田作兵衛（取締役）旧八〇新八〇株、樋口忠助（取締役）旧一〇三新五〇株、雨宮豊次郎（雨敬の養子、常務）旧六六新五五株、雨宮信一郎（雨敬の分家）旧一一〇株、石渡喜一（監査役）旧一〇三新三株、向笠彦右衛門（取締役）旧三五新六五株、田中平八旧五〇新五〇株、露木聡三旧六九新三一株、土屋大治郎（監査役、吉浜銀行取締役）旧一五新八五株、保田久道（熱海・小林屋）旧四五新五株、江守善六（質商）新五〇株、神部千三新五〇株、鳥尾光（小石川区）新五〇株、三浦梧楼（子爵）旧二〇新三〇株、平沼専蔵（金融業）旧五〇株、古河鉱業旧五〇株、雨宮てる（雨敬の長女）旧五〇株であった（報告、株主名簿）。このほか熱海の旅館主として二見平右衛門（釜鳴屋、熱海銀行監査役）、内田市郎左衛門（古屋）、野田惣八（隠居玉屋）、和泉仲、岸常吉、山田藤吉（升屋）、野田甚吉、野田重蔵、内田浮次郎（真誠館）、松尾宗兵衛（福島屋）、対木敬助（鱗屋）、野村庄左衛門（尾張屋）、鈴木菊次郎、米倉三左衛門、旅館以外にも菓子商の対木寅吉、池野鶴吉、太物商の小川徳太郎、干物商の野田富之助、太物商の須賀平次郎らが参加していた。当時一等温泉宿と格付けされた樋口忠助が一五三株、石渡喜一一〇六株、二

等の露木聡三一〇〇株、四等の内田市郎右衛門、野田惣八各一三株、五等の山田藤吉五株、松尾宗兵衛二株という持株数は温泉宿としての格とある程度相関があったと見られ、旅館組合等の組織を挙げ、割当等により増資に応じた様子がうかがえる。

しかし雨敬の仲間で熱海への観光鉄道に賛同したのは田中平八（二代目）、岩田作兵衛ら、ごく少数の親友に限定されている。通常の相場師の感覚では、いかに天下の雨敬が推奨しても、とてもこの種の陰気臭い事業には投資する気持ちになれないのである。それは大日本軌道を構成する他の七社の蒸気軌道の場合には、雨敬自身も当初「社会ハ素ヨリ各会社株主中ニモ営業状態ニ就キ大ニ疑ヲ抱カレタ様子[15]」と嘆いた通り、大株主・役員になってまで全面的に賛同した著名な相場師が津の「岡半」こと岡半右衛門ただひとりであったということからも判明する。岡半は出身地以外の熊本支社の受皿企業である熊本軌道の五〇〇株主にも登場する。

3　機関車開発から派生した雨宮鉄工場

熱海鉄道の「営業を最も経済的ならしめんと種々講究の後、先づ米国ボールドウヰン機関車製造会社製に係る、無煙機関車と云ふを一台見本として横浜のフレザー商会の手により輸入し、試運転の結果良好なる成績を得て之を採用することとなり、之を模型として石川島造船所にて三台、越中島鉄工所にて二台、池貝鉄工所にて一台製作し、ボールドウヰン会社製とも都合七台にて目下運転して居るが、一台の製作費は約三千円」[16]と報じられた。雨敬は国産の石油機関車の開発について次のように回顧する。「此処に真島と云ふ機械師がある。最初の石油機関車が来た時其れを見て之れなら私にも出来そうだと云ふから、其れならやって見ろと云ふて拵へさせた。矢張り一年か二年かかって一台拵へ上げたが、何様もうまく行かない。『此んなもんぢゃダメだ。御前も本当に意気地なしだなあ』と云ふたら『大将もう一年待って下さい。今度は屹度立派なものを拵へ上げますから』と云ふ。『拵へられるものなら拵へて見ろ』と云って置いたら、人の熱心は恐ろしいもので、丁度米国から三度目の機関車が来た時に真島の機関車も亦出来上った。成績を見ると真島の方がいい……重油を焚くのだから煤烟も吐かず燃殻も落とさず、其の上燃料は一哩僅かに二合で済む。此んなに廉いものはない……私は其の成績を見た時、余り嬉しくてたまらなかった」（事蹟、三二〇頁）

真島磯五郎は一八八六年芝区三田豊岡町に印刷機械発動機ラム子製造器械の真島工場を創業し、当時の職工は一九名、原動力瓦斯発動機が一台、実馬力一〇[17]であり、一八九八年の営業税は一二円六六銭[18]であった。真島工場は一九一〇年一二月に資本金一・三万円で諸機械製作販売を目的とする合資会社となり、無限責任社員には真島でなく山本重次郎が就任していた。[19]臼井茂信氏によれば真島磯五郎は「豆相人車鉄道時代から雨敬とかかわりあい」があり「一九〇四年に石油機関車を試作した[20]」とし、後に雨宮製作所でも工作を担当したと推定する。このように真島らのひたむきな国産技術開発を熱心に支援する雨敬の意気込みが転じて誕生した雨宮鉄工場は、一説には故「のぶ子夫人の臍繰金で、敷地を買収して創業した」[21]とも伝えられる。一九〇九年末現在、雨宮鉄工場は東京市深川区和倉町に所在し、製品は機関車と車両であり、工場主は雨宮敬次郎であった。創業は一九〇七年一一月で、職工数は男一二九名、原動力瓦斯発動機一台を有し、実馬力五五であった[22]。大日本軌道への統合直前の一九一一年七月一八日、おそらく税務上の必要性等もあって「鉄道軌道機関車車両其他機械製作販売」を目的とする株式会社雨宮鉄工所が和倉町三一番地に資本金六六・五万円で設立された。役員は取締役に雨宮亘、小沢信之輔、大淵龍太郎、監査役に雨宮豊次郎、佐藤秀松であった[23]。

大日本軌道鉄工部が一九一五年九月に発行した型録の謹告は次のように沿革を記している。「我鉄工部ハ明治四十年十一月故雨宮敬次郎氏個人ノ企業ニ係リ、専ラ軽便軌道用機関車及各種車両製造経営中ノ処、我国ニ於ケル鉄道事業ハ輓近著シク勃興ヲ極メ時勢ノ趨向ハ大ニ工場設備ノ拡張ヲ要求シ来レリ。於茲雨宮家主脳トナリ、去明治四十四年七月組織ヲ変更シテ、株式会社雨宮鉄工所ト改称シ、大ニ業務ノ発展ニ資スル処アリシモ、更ニ工場ノ基礎ヲ強固ニセンガ為、同年十一月大日本軌道株式会社ト合同シ（合同ノ結果総資本金三百万円トナレリ）、会社自ラ運輸業ヲ営ミ、是ニ依リテ得タル経験ト当部専門技術者ノ研究トヲ総合シ極メテ完全ナル物品ヲ造リ、之ヲ販売スルヲ以テ目的トセリ」

一九一一年八月に雨宮鉄工所は大日本軌道に合併され、同社の鉄工部となった。一九一六年一二月末現在、大日本軌道鉄工部は東京市深川区和倉町三一番地に所在し、工場主は小沢信之輔、職工数は男一一七名、原動力瓦斯発動機一台、実馬力一三、受電発動機一台、実馬力三〇であった。(24)

4　熱海鉄道から全国版・大日本軌道への発展

島技師は熱海鉄道を「軌道条例ニヨリテ設ケラレタル最初ノ軽便蒸汽鉄道」(復命書)と位置付けている。雨敬は国産石油機関車の開発が軌道にのったものと判断して、「是で軽便鉄道は必ず実益を挙げる事が出来るものであると云ふ事が分った。之を全国中に及ほしたならば、日本の殖産興業の発達は必ず疑ひないと云ふので、全国の中へあらゆる適当の場所を見付けては日下頻りに之れを架けつつある。熊本、山口、広島、伊勢、静岡、浜松、甲府、福島、会津、白川、千葉等へ其れ其れ手を着けて居る」(事蹟、三二一頁)とした。雨敬の「履歴書概要」にも「我邦今日ノ状態往々ニシテ鉄道所在地ト貨物散出地ト相距ル甚タ遠キモノアリ。貨物産出地ヨリ鉄道所在地ニ至ルマテノ運賃稍モスレハ鉄道所在地ヨリ貨物市場ニ至ルマテノ運賃ヲ超過スルコトアルヲ嘆キ、之ヲ救フノ道只軽便鉄道ヲ敷設シテ貨物産出地ト鉄道所在地トノ連絡ヲ取ルニアルノミト信シ、殊ニ国家有事ノ日ニ備フル為メ、是非トモ之ヲ敷設シ置カサルヘカラスト思ヒ、静岡、熊本、伊勢、広島、山口、浜松、福島、白川、山梨等ノ各地ニ軽便鉄道株式会社ヲ創設シ、各会社トモ自身株式ノ半数ヲ引受ケ、其ノ発起人総代トナリテ熱心経営中ナリ」（事蹟、四二二頁）と記している。雨敬自身によれば「各地ノ有志者ハ此軽便鉄道ノ計画ニ非常ニ賛成セラレ、静岡ヲ第一トシ各地ニ特許出願ノ手続ヲ運ビマシタハ如何ニ各地方ガ交通機関ノ設備ヲ急務トセラレ此事業ニ趣味ヲ持タレタルカノ一班ヲ知悉スルニ足ル」（主意）として、反響の大きさを強調している。広島軌道を例にとると、総株数六〇〇〇株のうち雨敬が二九〇〇株（四八・三％）を出資し、県内を中心に早速整爾、小島範一郎ら一六〇名の株主が残りの三一〇〇株を出資した。「小島取締役ハ軽便鉄道視察トシテ熊本へ出張……運転手見習……ヲ実地練習トシテ熊本軽便鉄道株式会社へ出張セシメ」[25]るなど、同系先発企業からノウハウを修得した。静岡鉄道も熱海鉄道と同様に軌間七六二mm（二呎六吋）の軽便蒸気軌道で、使用する機関車は「熱海鉄道ニ於ケルモノト同形」、客車も「大体ニ於テ熱海鉄道ノモノニ等シ」、命令条件取締規則等も「熱海鉄道ト大差ナク」（復命書）、熱海鉄道で編み出したビジネス・モデルをそのまま踏襲した「蒸気軌道」の全国展開であった。

大日本軌道鉄工部発行の型録

　雨敬は一九〇八年に傘下の熱海鉄道、熊本軽便鉄道、静岡鉄道、伊勢軽便鉄道、広島軌道、浜松鉄道、信達軌道、山口軌道八社の合同を提唱した。雨敬の名で出された「八会社合同主意書」には「八会社ヲ合同シテ一ノ大会社ト致スト其勢力ヲ用ヒテ現在ノ特許線ノ敷設ヲ第一トシ……第二、会社ノ信用ヲ増加スル結果トシテ自然低利資金ヲ使用スルノ途モ開ケルト共ニ……合同ニヨリ経費節減、建設費モ亦自然ニ節減従ッテ……株主ノ利益モ増加」（主意）するとあり、低利社債発行に主眼があったことが読み取れる。大日本軌道は同年七月二八日「軌道条例ニ依リ各地ニ鉄道ヲ敷設シ運輸ノ業ヲ営ム」目的で東京市京橋区築地三丁目一五番地の築地館に資本金一二三三・五万円（甲五〇円券二・四万株、乙二五円券四・八万株、丙二〇円券三・九五万株）で以下の報道のように設立された。「大日本軌道株式会社は既に去月十七日付を以て其筋の許可を得て、爾来創立に関する諸般の事項調査中なりしが、大体の調査を終りたるを以て、愈々来二十八日築地館に於て創立総会を開き、之と同時に熊本、山口、熱海、広島、伊勢、浜松、静岡、信達八会社の解散手続を履行する筈なるが、以上各会社に対する表面の名義は軌道会社が彼等を買収したる事になり居るを以て、何等の割合を定むる必要之なきにより、現に開業せるものに対しては引継ぎ当日を期し決算を行ひ、利益金の全部を当該株主に配当せしめ、未開業のものに対しては払込を為したる日より引継ぎ当日まで平等に年六朱の配当を与へ、此の配当金は大日本軌道会社の資本に組入るる事と為したるが……尚ほ重役の選定に就ては取締役十一名、監査役九名の内、取締役監査役各八名を八会社より選出せしむる由[26]」

雨敬を社長に、取締役は各社から参集した雨宮亘、大淵龍太郎、中村竹兵衛、小島範一郎、松本恒之助、松本君平、樋口忠助、雨宮豊次郎であり、監査役に野田市兵衛、荒川信介、高木幹吾、岡半右衛門、中村忠七、西ケ谷可吉、岩田作兵衛、太宰文蔵、雨宮信一郎の面々であった(27)。

5 雨敬の妻・ノブの存在

ここで「虚業家」雨敬の欠点を見事に補う雨宮ノブの存在が、雨敬の二面性を解くカギではないかという仮説を提起してみたい。雨敬が見せた二面性の陰には、全く別の発想をするノブの存在が大きかったと思われる。「虚業家」的経営者は、自分のナンバー2にイエスマンの補佐役・女房役の専務などをえてして配置しがちである。しかしノブは、ただの従順な妻ではなかった。すなわち雨敬が相場や投機に狂奔する傍らで、ノブは①下宿屋経営で下宿人の洗濯で現金収入の確保、②ここぞという絶好のチャンスでの相場資金の用立、③雨敬が断念した軽井沢の林業経営を引受け、小作人定着のための懐柔策、④岩手の仙人鉄山経営で鉱山労働者の鼓舞・激励、⑤雨宮製作所の工場敷地の買収資金の拠出など、数々の内助の功を発揮したとされる(28)。しかし③以下の事実は、単なる補佐の域を超えて、ノブが独立の資金を持って、独自の判断で、遠隔地の林業経営・鉱山経営等を遂行する経営能力を有したことを示している。

雨敬が本来的な相場師・山師の反面で行ったとされた異質の観光鉄道経営の陰には、林業経営の場合と同じく、ノブの存在があったのではないか。雨敬は軽井沢にノブの銅像まで建立して彼女の貢献を顕彰したように、ノブの考え方が雨敬に、相場師とは別の観点に立った事業経営に走らせ、ある場面では彼のリスク管理の欠落面を補完して成功に導いた。熱海への観光鉄道にノブの姿は見えていないが、継続的な温泉治療・転地療養を必要とする雨敬の苦痛の解消に役立つ豆相人車鉄道という事業に、病人の妻として大いに賛成したものと想像される。⑤の雨宮製作所の工場敷地の買収資金をノブがポケット・マネーから拠出したと伝えられるのは、②と同様に、雨敬の説明を聞いた彼女が、ここぞと思ったことを示していよう。ノブが鉄道事業経営と不可分の関係にある車両製造事業に賛成したことの証拠でもあろう。全国的な蒸気軌道網の整備と車両供給を一社で行なう、大日本軌道の特異な経営形態は、構成企業のコストダウンやシナジー効果を発揮する画期的なビジネス・モデルかのような幻想を与えたのであろうか、死の直前の雨敬は、ものに取り付かれたかのように全国的な蒸気軌道網の整備に狂奔・邁進した。雨敬は晩年、熱海の桜ケ丘に別荘を建て、一九一一年一月二〇日にその熱海で没し、ノブ夫人ゆかりの軽井沢に葬られたが、熱海にも「雨敬翁終焉地」の碑が建てられた。縁の深い熱海や軽井沢を愛した雨敬には、「熱海への観光鉄道を拓いた相場師」との副題が相応しいかと思われる。

6　大日本軌道の解体

しかしながら、その後の大日本軌道の株価の推移を見る限り、大正期に入って払込金額を大きく下回っており、相場師が主導した蒸気軌道のビジネス・モデルは大成功したとはいえず、残念ながら彼の死後に遺業たる大日本軌道は以下の通り解体・切り売り、車両製造事業の衰退・休業へと向かう。まず一九一一年一二月軌道熊本支社の特許権を熊本軌道に譲渡、一九一三年二月官営山口線の開通により山口支社の軌道を休止した。その後も「従来各支社の営業成績予期の如くならず、毎期漸く年六七朱配当を保持するの状況にあり、且つ将来発展の見込みなきより茲両三年来会社解散の目的の下に各支社に属する軌道売却に着手[29]」し、一九一八年一月福島支社の軌道を信達軌道に、一九一九年三月広島支社の軌道を可部軌道に、一九一九年五月静岡支社の軌道を駿遠電気に、同年一〇月浜松支社の軌道を遠州軌道に、一九二〇年二月伊勢支社の軌道を中勢鉄道にそれぞれ譲渡した結果、小田原線、熊本線二線のみとなった。

このうち信達軌道の場合を見ると、信達地方の有志者は内池三十郎（旧信達軌道取締役）を創立委員長として「福島支社管内の軽鉄事業を買収し独立会社を創設すべく……極力各方面に亘り勧説[30]」した。大日本軌道側では「目下処分の必要を認めざるも、情誼上仮りに売却するとして尠くとも時価即ち七十万円以下にては応じ難し[31]」とのかたくなな態度で価格交渉は難航した。しかし「近時同地方は製糸業の旺盛に連れ経済界は一段活気を呈せる折柄とて、賛成人意外の多数に上り、此等関係者の引受株のみにて殆んど満株に近き盛況を呈し」[32]、一九一七年九月内池三十郎を創立委員長として、福島県伊達郡長岡村に合同前の旧会社と同名の新会社・信達軌道が設立され、特許権譲受を許可された[33]。

次に、可部軌道の例でも広島支社の軌道は「一日平均一千人内外の乗客を収容し相当の成績を収め居り、東京本店にては各地の軌道経営の利益を共通する為め前々期五分五厘前期六分五厘の配当を為すに過ぎざるも、同軌道は将来益々発展すべき機運にあるにより、同県安佐郡地方に買収せんとの議は予ねてより同地有志者間に唱へられ……出資者を物色する点まで計画進捗[34]」していた。しかし大正六年米騒動で買収計画は一頓挫し中断した。しかし大日本軌道取締役で同地最大の株主でもある高木幹吾、戸田宗三郎、高場節吾らは「同地方繁栄策として慥かに考慮を費やすの価値ある事業[35]」として世論の喚起に努めた。こうして譲渡が許可され、安佐郡三篠町に資本金五〇万円で設立されたばかりの可部軌道へ四五万円で譲渡された。

さらに一九二〇年七月小田原線を鉄道院へ引渡したが、実はこの間に熱海軌道組合なる特異な経営体が大日本軌道から小田原～熱海間の特許権を譲り受け、国鉄熱海線開業までという条件付で旅客・貨物の営業を開始した。しかし一九二二年一二月二一日小田原～真鶴間を廃止し、さらに一九二三年九月一日関東大震災で真鶴～熱海間の軌道が大破、一九二四年四月一日正式に廃止し、熱海軌道組合は僅か三年間で営業を廃止した。ここに本章の主題とした熱海への観光鉄道は完全に姿を消した。

大日本軌道に唯一残っていた熊本線は「同地方へ売却交渉を試みたることあるも、従来該線は多く欠損勝にて売却困難なる事由の存するより、今回同線は廃線となすことに決定[36]」した。かくして大日本軌道は一九二〇年七月一日臨時株主総会を開催し解散を決議、この時点で各線の売却代金一四一万円に加え、小田原線の売却代金八五万円と熊本線の軌道資材売却代金が見込まれ、職員の解雇に伴う手当を差引き、払戻は払込額（旧株五〇円、新株三五円、第二新株二〇円）程度と予想された[37]。同社株主に大きな打撃を与えずに幕引が出来たことは慶賀すべきこととはいうものの、大相場師「天下の雨敬」の人生最後の大勝負としては全く不本意な結末に終ったというほかなかろう。

注

（1）拙著『虚構ビジネス・モデル――観光・鉱業・金融の大正バブル史――』日本経済評論社、二〇〇九年

（2）山路愛山『現代富豪論』一九一四年、六五頁

（3）萩原為次『素裸にした甲州財閥』（以下、単に甲州と略し本文に記載）、一三二頁

（4）島安次郎「復命書」（以下、単に復命書と略し本文に記載）一九〇八年八月一八日、逓信省文書第一五四巻六、島技師出張復命書、交通博物館所蔵

（5）雨宮敬次郎『過去六十年事蹟』（以下、単に事蹟と略し本文に記載）一九一一年、四一〇頁
（6）中川浩一、今城光英、加藤新一、瀬古龍雄『軽便王国雨宮』丹沢新社、一九七二年
（7）伊佐九三四郎『幻の人車鉄道　豆相人車の跡を行く』森林書房、一九八六年
（8）野崎左文『改正東海東山畿内山陽　漫遊案内』一八九七年、七八頁
（9）『旅行案内日用百科全書第十四編』博文館、一八九六年、前付一二頁
（10）一九〇六年四月二三日改正、広正寺四三一、埼玉県文書館
（11）一九〇六年二月二三日『鉄道時報』
（12）熱海鉄道『第二十九回営業報告書』（以下、単に報告と略し本文に記載）一九〇八年三月、一七頁
（13）一九〇八年二月一日『鉄道時報』
（14）一九〇八年二月一日『鉄道時報』
（15）雨宮敬次郎「八会社合同主意書」（以下、単に主意と略し本文に記載）一九〇八年二月、白石家文書、広島県立文書館
（16）一九〇八年二月一日『鉄道時報』
（17）農商務省編『工場通覧』一九〇四年、二〇六頁
（18）『日本全国商工人名録』一八九八年、い甲二〇一頁
（19）『日本全国諸会社役員録』一九一二年、上二五三頁

(20)臼井茂信『機関車の系譜図三』交友社、一九七六年、三五八頁
(21)『経済風土記　東海関東の巻』刀江書院、一九二九年、九一頁
(22)農商務省編『工場通覧』一九一一年、八二五頁
(23)明治四四年七月二五日『官報』第八四二七号、五七七頁
(24)農商務省編『工場通覧』一九一八年、五三五頁
(25)「庶務」『明治四十一年度前半期営業報告』広島軌道、前掲白石家文書
(26)一九〇八年七月一八日『鉄道時報』
(27)一九〇八年八月一九日『官報』第七五四五号付録、一頁
(28)村上直治郎『男女修養夫妻成功美談　第一編』東京実用女学校出版部、一九〇九年、一二四〜一四七頁
(29)一九二〇年七月二三日『帝国興信所内報』
(30)一九一七年九月一二日『帝国興信所内報』
(31)一九一七年九月一二日『帝国興信所内報』
(32)一九一七年九月一二日『帝国興信所内報』
(33)『福島交通七〇年の歩み』一九七七年、一七〇頁
(34)一九一八年九月六日『帝国興信所内報』
(35)一九一八年九月六日『帝国興信所内報』

(36) 一九二〇年七月二三日『帝国興信所内報』
(37) 一九二〇年七月二三日『帝国興信所内報』

第5章

後藤新平

◎

老川慶喜

1　台湾民政長官、満鉄総裁、そして鉄道院総裁に

後藤新平は、一八五七年七月二四日（安政四年六月四日）、陸中国胆沢郡塩竈村（現在の岩手県奥州市）に生まれた。一八七四（明治七）年二月に須賀川医学校に入学し、卒業後は公立愛知病院長兼医学校長となった。そして、一八八三年一月には内務省御用掛衛生局照査係副長となって、一八九〇年四月から九二年六月までドイツに留学した。帰国後、一八九二年一一月に内務省衛生局長に就任し、九八年三月に台湾総督府民生局長（のち民生長官）となった。

後藤が鉄道とかかわりをもつようになったのは、台湾総督府民政局長在任中のことであった。台湾では、縦貫鉄道の建設が清国政府から派遣された台湾巡撫《じゅんぶ》の劉銘伝《りゅうめいでん》によって一八八七年に着工され、一八九三年に基隆《キールン》～台北～新竹《シンチュー》間約九九・三㎞が開業していた。後藤は一八九八年一一月八日に臨時台湾鉄道敷設部を鉄道部に改組し、みずから部長に就任して本格的な鉄道事業に乗り出したのである。

日露戦争（一九〇四～〇五年）後の一九〇六年三月に鉄道国有法案が成立すると、同年一〇月から一九〇七年一〇月にかけて、北海道炭礦鉄道、日本鉄道、関西鉄道、山陽鉄道、九州鉄道の五大私鉄をはじめ、日本の主要私鉄一七社が国有化された。また、一九〇六年一一月には「満州」支配の

ための国策会社である南満州鉄道株式会社が設立された。後藤新平は、一九〇六年八月、台湾総督府民生長官を辞して、満鉄の初代総裁に就任したのである。

一方、国有化後の鉄道は、一九〇七年四月に設置された帝国鉄道庁が管轄するところとなった。しかし、帝国鉄道庁は逓信省の一部局にすぎず、逓信大臣の更迭のたびに方針が変わる恐れがあり、なによりも四八三四・三kmの路線、一一一八両の機関車、三〇六七両の客車、二万八八四両の貨車、そして四万八四〇九人の職員を擁する、国有化後の巨大な鉄道事業を経営するには、庁という組織では不十分であった。また、官設鉄道や一七私鉄から集まった従業員を一体化し協働させるためにも、強力な組織が必要であると考えられるようになった。そこで、一九〇八年一二月、内閣に直属し、省からは独立した官庁として新たに鉄道院が誕生した。鉄道院は、鉄道庁よりも強い権限をもち、監督機関であった逓信省鉄道局の業務も吸収した。

満鉄総裁に就任した当時の後藤新平
鶴見祐輔『正伝後藤新平 4』藤原書店、2005年より

後藤新平は、この鉄道院の初代総裁に就任した。一九〇八年七月に第二次桂内閣の逓信大臣となっ

たが、「鉄道院官制」が公布・施行されると鉄道院総裁を兼任することになったのである。「鉄道院官制」によれば、鉄道院は「内閣総理大臣ニ隷シ鉄道及軌道ニ関スル事項並南満州鉄道株式会社ニ関スル事項ヲ統理」するものとされていた。したがって、後藤は満鉄総裁の職を辞して鉄道院総裁に就任したのであるが、満鉄からまったく離れてしまったわけではなく、むしろ日本の国鉄と満鉄を統括する立場に立ったということができる。また、一九〇九年一二月一六日には「鉄道院官制」が改正され、日本政府が朝鮮で経営していた鉄道も、鉄道院の管轄下に入ることになった。こうして、後藤新平は、日本国内の鉄道と南満州鉄道、それに朝鮮鉄道を管轄下に置くことになったのである。

ここでは、後藤新平が満鉄総裁および鉄道院総裁として鉄道事業にどのようにかかわったのかを検討し、その特徴を明らかにしたい。

2　南満州鉄道の経営と「文装的武備」論

満鉄は、日本の満州支配のための国策機関として知られているが、後藤が満鉄総裁に就任したころの「満州」は、関東州・満鉄付属地の行政機関として設置された関東総督府（のちに都督府）と外務省の出先である大使館、それに満鉄という「三頭政治」が、清国側の東三省（満州）総督や巡撫の支配とせめぎ合う地であった。また、一敗地にまみれたとはいえ、ロシアの影響力も強く残っていた。こうした中で、後藤は「抑々植民の事業は健全なる国家の政治的発展である」という認識のもとに、満鉄は「日・満・露・欧・米を連結する世界的規模の鉄道の一部として、世界経済の一つの要に位置する機関であり、同時にそれは、混乱する清朝の秩序化と活性化も促す、世界政策の拠点」でなければならないと考えた（後藤一九二一）。

後藤は、このように考えてさまざまな施策を実施した。まず、若くて優秀な人材を抜擢し、鉄道の広軌化、沿線の駅市街地整備、築港、炭鉱経営、病院・医学堂の建設などの計画を綿密に立て、外債を発行して資金を集め、部下に一任して実行させた。また、科学と文化にもとづく世界政策を実現するため、満鉄調査部、東亜経済調査局、満鮮歴史地理調査部などを設置した。

このような後藤の満州統治策は、「文装的武備」論として知られている。文装的武備とは、「文事的施設を以て他の侵略に備へ一旦緩急あれば武断的行動を助くるの便を併せて講じて置く事」で、その中心は広義における「経済的発展」にあった（後藤一九二一）。ただし、それは満鉄の営業成績が上がり、配当が多くなるということだけではなく、満州そのものが経済的に発展することを意味していた。しかも、「文装的武備」は経済的な側面のみに局限されるのではなく、教育、衛生、学術など、広い意味における文化社会が建設されなければならないのであった。こうして、日本の大陸政策が、全満洲の民衆生活に徹底され、民衆的基礎を得ることになったとき、後藤の文装的武備は、真の意味で実現することになるのであった。このような後藤の「文装的武備」論が受け入れられ、満鉄が「満州」経営の主体となったのである。

3　「欧亜の公道」論と大陸横断鉄道

後藤新平は、満鉄を「世界運輸交通の大幹線」と位置づけていた。日露戦争後のロシアの反感を緩和し、日露の了解のもとに中国の和平統一を促すとともに、満鉄とロシアの東清鉄道、シベリア鉄道、欧露鉄道を連絡すること、それが後藤新平のもうひとつの満鉄像であった。すなわち、「欧亜の公道」にして「世界運輸交通の大幹線」たる満鉄の地位を築こうというのである。後藤は、このような満鉄を実現するため、一九〇八（明治四一）年四月二一日、午後六時半、新橋発の列車に乗って、ロシア訪問の旅に出た。同行者は、満鉄理事の法学博士岡松参太郎、満鉄大連病院長の医学博士岸一太、満鉄工務課長の堀三之助・菊池忠三郎、および秘書役の杉梅三郎らであった。

後藤は、中国の和平統一を重視し、そのためには日露の了解が重要な先行条件であると考え、ロシアを訪問した。日露戦争で破れたロシアの反感を緩和し、東洋の平和維持に協力させることが、日本にとって最も賢明な策であると考えたからである。そして、後藤に与えられたもうひとつの具体的な使命は、南満州鉄道と東清鉄道、シベリア鉄道、ならびに欧露鉄道の連絡運輸であった。後

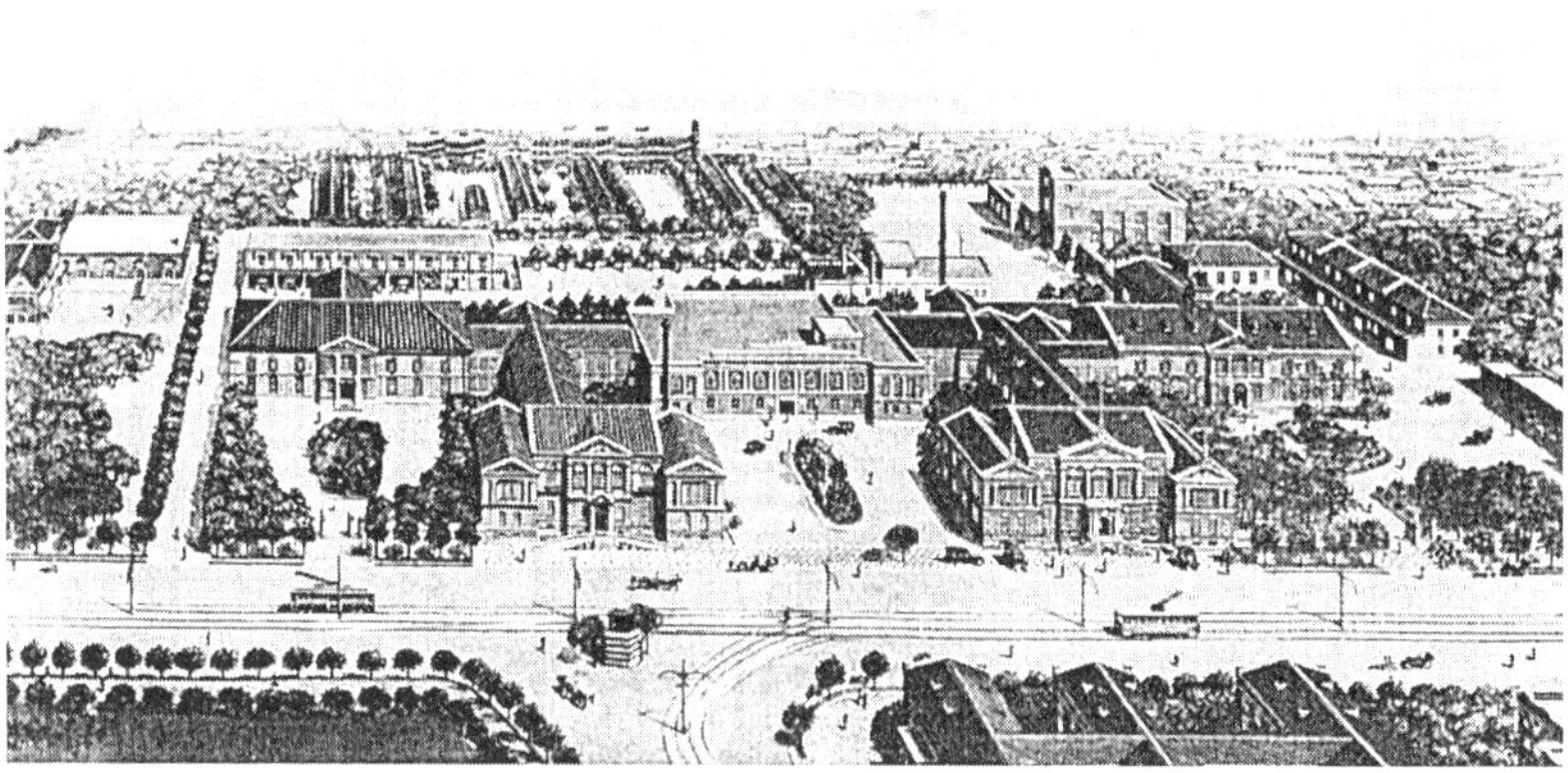

満鉄本社。建設が中断されたロシア学校跡に1908年に移転。以来、本社として使用。　『南満洲鉄道株式会社第二次十年史』1928年より

藤は、「欧亜の公道」にして、「世界運輸交通の大幹線」たる満鉄の地位はこれによってはじめて達成されると考えていたのである。

後藤新平は、一九〇八年五月一三日にモスクワに着き、一五日にロシアの首都サンクト・ペテルブルグに到着すると、精力的に日程をこなしたようである。すなわち、『時事新報』（一九〇八年六月一一日）の伝えるところによれば、サンクト・ペテルブルグに到着した後藤新平の一行は「日課を定め毎日午前十時頃より夕刻まで各方面の視察に従事し」、ロシアの大蔵大臣、東清鉄道および露清銀行、さらには商工大臣などを訪問した。

後藤は、満鉄と東清鉄道との連絡運輸の開始についての交渉も始めた。そして、五月一六日に東清鉄道副総裁のウェンツェル氏と第一回目の会見をして、「欧亜及米国間ニ於ケル交通大動脈ノ一トシテ、南満鉄道ト東清鉄道トノ直通連絡ヲ為ス事」（南満州鉄道一九七四）を約束した。

当時、日本からヨーロッパまでの所要時間は、海運では五週間ほどであったが、満鉄とシベリア鉄道、東清鉄道などを経由する陸路では二週間ほどであった。こうして、満鉄は「世界交通の大動脈」と位置づけられ、後藤はそれを実現するためにロシアを訪問したのであった（立石一九〇六）。

後藤新平は、鉄道院総裁に就任した後も、日露連絡運輸など国際連絡運輸の実現を最も重要な施策のひとつとして考えていた。一九〇八年一一月、後藤はサンクト・ペテルブルグで開催された日露連絡運輸会議に、鉄道院、満鉄および大阪商船の代表を派遣した。同会議では、南満州と北満州、北満州および沿海州と日本内地、ロシアの各鉄道と日本内地間の手荷物連絡運輸に関する協定が結ばれた。その結果、旅客・手荷物については東清鉄道、満鉄、朝鮮鉄道、関釜連絡線、大阪商船、および露国義勇艦隊によって、ウラジオストックおよび釜山経由でロシアの各鉄道と日本内地との間に直通連絡運輸が開始された。貨物に関しては、日本とロシアの利害が錯綜し、協定を結ぶまでにはいたらなかったが、大豆など満州からの輸出品である重要穀類は満鉄、東清鉄道、大阪商船、露国義勇艦隊を連絡して輸送し、木材、石炭、セメントなどについては満鉄と東清鉄道で連絡輸送を行なうという協定が結ばれた（鶴見二〇〇五②）。

一九一〇年五月には第二回日露連絡運輸会議がサンクト・ペテルブルグで開かれ、同年七月にはベルギーのブリュッセルで第五回シベリア経由国際連絡会議が開催された。日本からは、鉄道院、満鉄、大阪商船の代表者が初めて参加し、①カナダおよびシベリア経由世界一周連絡、②欧州と日本、朝鮮、中国、ロシアの連絡、③シベリアおよびスイス経由周遊連絡の旅客および手荷物に関する連絡運輸が協定された。また、一九〇八年一〇月には、満鉄が大連において京奉鉄道代表者との会議を開き、奉天における満鉄と京奉鉄道との旅客手荷物に関する連絡運輸について協定を結んだ。

また、欧亜間にはシベリア鉄道経由の国際列車が走り、東半球一周旅行やシベリア鉄道とカナダ太平洋鉄道経由の世界一周旅行などを可能にする、さまざまな協定が結ばれつつあった。当時、シベリアには烏蘇里《ウスリー》鉄道、黒龍江鉄道、東清鉄道、後貝哥爾《ザバイカル》鉄道、トムスク鉄道、オムスク鉄道、アーチンスク・ミヌシンスク鉄道、亜爾泰《アルタイ》鉄道、クルヂン鉄道、コリチュギノ鉄道などが開通し、その大部分は「所謂大西伯利横断鉄道の幹線を組成するもので、欧亜交通上最も肝要な線路」（鉄道院一九一六）となっていた。このシベリア鉄道を利用して、大連、朝鮮、ウラジオストック経由の日満旅客運輸、および日満露旅客連絡運輸などのサービスが実施されていた。日満旅客連絡運輸は、日本の鉄道院線とロシアの東清鉄道線および烏蘇里鉄道線とに発着する旅客のために設けられたのであった。

こうして、後藤新平鉄道院総裁のもとで、日満連絡運輸、日露連絡運輸、さらには日欧連絡運輸などが着実に進展していたのである。

4　業務研究調査会議の設立と広軌改築論

後藤新平は、鉄道院においても調査研究を重んじた。鉄道院総裁に就任すると、議会の協賛を経て多額の線路調査費を設け、全国鉄道網の調査・測量にとりかかり、職員を派遣しただけでなく、みずからも陣頭に立って全国を行脚した。その結果、①鉄道幹線（普通鉄道）、②地方線（普通鉄道、軽便鉄道）、③市街線（軌道）という鉄道体系を構想し、鉄道幹線はもっぱら国家が敷設・経営し、地方線を国有線の培養線として重視し、民間の軽便鉄道を奨励するため軽便鉄道補助法を制定した。

後藤は熱海線や東京市内高架線など新線建設に力を注いだが、そのためには既設線中の重要路線に改良を施して収益の増加をはかり、新線建設のための財源を確保しなければならなかった。鉄道改良の中で、広軌改築は最も重要な施策であった。後藤は、桂内閣の逓信大臣に就任する際、広軌改築の重要性について「此機運ニ乗ジテ、下ノ関ヨリ青森マデノ幹線ヲ広軌ニ改ムルノ胸算ナリ。此軌道ノ改良ヲ断行セザルトキハ、軍事上経済上共ニ鉄道ヲ国有トセル真価ナシト謂ウベシ」（鶴見二〇〇五②）と述べていた。

後藤は業務調査会議を設立し、一九一〇（明治四三）年三月二九日には同会議の規則を定め、平井晴二郎副総裁を委員長に就任させた。業務研究調査会議では、鉄道に関する諸問題の調査研究が積極的に行なわれるようになった。広軌改築問題は最も重要な課題で、石川石代技師は、一九一〇年七月、後藤に命じられて「東京—下関間準軌道狭軌道比較」という報告書を提出した。この調査報告を受けて、後藤は、一九一〇年一〇月一三日には九州都城の旅館攝護寺で国有鉄道広軌改築案の骨子を起草したのである。

翌一九一一年八月二五日には桂内閣が総辞職し、後藤も逓信大臣、鉄道院総裁を辞任した。一九一二（大正元）年一二月二一日に第三次桂内閣が成立すると、後藤は再度、逓信大臣兼鉄道院総裁兼拓殖局総裁となるが、一三年二月八日には桂内閣が総辞職し、後藤も逓信大臣などを辞任した。しかし、一九一六年一〇月九日に寺内正毅内閣が成立すると、後藤は内務大臣兼鉄道院総裁となった。

こうして、後藤は三度鉄道院総裁となったが、一九一六年一二月二三日に鉄道院の会議室で、技監、各局長を招集して、広軌改築案について意見を交換した。そして、二五日の閣議で広軌準備復活を稟請し、一九一七年一二月に広軌改築を決定した。しかし、後藤は一九一八年四月に外相に転じ、寺内内閣は米騒動の圧力で九月二一日に総辞職した。後継の原敬内閣は広軌改築を否定したので、後藤の広軌改築構想は実現しなかった。

5　ジャパン・ツーリスト・ビューローと『東亜英文旅行案内』

鉄道院官制が施行されてから四年後の一九一二（明治四五）年三月一二日、営業課長の木下淑夫が中心となって「ジャパン・ツーリスト・ビューロー」が設立された。ジャパン・ツーリスト・ビューローは、一九一二年五月に本部を鉄道院内に置き、一三年度中には日本国内はもちろん、京城、大連、台北および欧米の主要都市に支部を置いた。そして、一九一四（大正三）年一二月には本部を東京駅内に移し、外国人旅行者に時刻表・案内書・地図などを配布し、一五年一月一日からは乗車船券の委託販売を始めた。国鉄は、日露戦争以後、国際観光に積極的に取り組んでいたのである。

こうして、一九一〇年代の日本では、国鉄やジャパン・ツーリスト・ビューローを中心に、外国人旅客者の誘致活動が展開されていた。こうした中で、鉄道院総裁後藤新平は、"An Official Guide to Eastern Asia"（以下では、『東亜英文旅行案内』という訳語で記す）という英文版の東アジアに関する旅行案内書の発刊を指示した。

旅行案内書の中では、ドイツ人のベデカー（Karl Baedeker、一八〇一～五九）と、イギリス人のマレー（John Murray、一八〇八～九二）によるものが著名で、前者は一八二八年から、後者は三六年から、それぞれ地域別の旅行案内書をシリーズで刊行した。特に、ベデカーの旅行案内書は、記述内容の水準の高さ、地図の正確さ、さらには赤表紙の小型ポケット版といった体裁によって高い評価を獲得しており、ドイツ語版ばかりでなく、英語やフランス語にも翻訳されている（岡本二〇〇六）。『東亜英文旅行案内』は、このベデカーの旅行案内書に範をとったといわれており、体裁も携帯に便利なポケット版であった。

鶴見祐輔『正伝 後藤新平』によれば、後藤は一九〇八年に満鉄総裁としてサンクト・ペテルブルグを訪問したときに、ロシアの蔵相ココフツォフ（Kokovtsov, Vladimir Nicolaovich、一八五三〜一九四三）に「完全なる東亜案内書を、英文をもって編纂出版し、もって東洋の事情を世界に紹介し、シベリア鉄道経由の旅客増加を援助すべし」という約束をかわしたが、その目的は「単純に鉄道収益を増加しようという実利的なものではなく」、これによって「日本文化と日本精神とを全世界に宣伝し、よってもって伯のいわゆる『世界の日本』より『日本の世界』への躍進に資せんとするにあった」のである（鶴見二〇〇五②）。

日露戦争で大国ロシアを破った日本は、一躍世界の列強と伍していくことになり、日本を欧米にアピールする必要が生じた。また、南満州鉄道、シベリア鉄道、東清鉄道などによって、ヨーロッパと東アジアが鉄道で結ばれるようになった。後藤新平は、こうした中で『東亜英文旅行案内』の刊行を思い立ったのである。

鉄道院は、後藤新平の指示を受けて、一九〇八年から〇九年にかけて専門家を朝鮮、満州、中国、インドシナ、南洋諸島に派遣し、多くの貴重な資料を収集した。『東亜英文旅行案内』の魅力は、このようにして集められた膨大な資料によって執筆され、最新のデータや情報が利用されていることにある。

当初、『東亜英文旅行案内』は全三巻の計画で、第一巻を満州と朝鮮、第二巻を日本、第三巻を中国、インドネシア、南洋諸島にあてることになっていた。しかし、編集の過程で、第一巻を満州・朝鮮、第二巻を南西部日本、第三巻を北東部日本、第四巻を中国、第五巻を東インド（フィリピン・仏領インドシナ・蘭領東インドシナ・海峡植民地）とし、全五巻の計画に修正された。なお、第一巻「満州・朝鮮」編が刊行されたのは一九一三年八月、日本を扱っている第二巻と第三巻は一九一四年六月、中国を扱っている第四巻は一九一五年三月に刊行された。

そして、第五巻は一九一七年四月に刊行されているが、フィリピン、仏領インドシナ、蘭領インドシナ、海峡植民地などが扱われ、三上信吾と鶴見祐輔の編集になっている。鶴見祐輔は岡山県の出身で、東京帝大法科大学政治学科を卒業後、内閣拓殖局を経て鉄道院に勤務した。その後、後藤新平の秘書や通訳を務め、後藤の長女と結婚し、後藤新平の伝記も執筆している。一方、三上信吾は、群馬県の士族で一八七〇（明治三）年生まれ。京都の同志社大学理財科を卒業して日本鉄道に入社し、一九〇二年に運輸課勤務となった。その後、ほどなくイギリス出張を命じられるが、一九〇四年に帰国すると営業部乗客掛長心得、同掛長となった。国有化後は、鉄道作業局に転じ、一九〇八年に鉄道院運輸部営業課勤務となり、この年の九月に交通調査のため香港、シンガポール、仏領サイゴンなどの南方に派遣されている。そして、その後一九一五年に運輸局旅客主任、ついで同旅客課長となり、一九一七年には東京鉄道管理局運輸課長に転出し、一九年にはシベリア鉄道管理問題に関連してシベリアに派遣された（老川二〇〇八）。

6　外交政策・大陸政策と鉄道事業

後藤新平の鉄道事業には、独自な外交政策、大陸政策が色濃く反映されていた。後藤の外交政策は、日本外交の主流であった親英米路線でも、アジア主義でもなく、ましてや日本単独の発展論でもなかった。後藤の外交政策は、「日中露（ソ）提携論」であり（北岡一九八八）、その上に立って「文装的武備」論といわれる植民地政策を採ったのである。

そうした植民地経営の理念のもとに、後藤新平は満鉄の経営や国際連絡運輸の整備、さらには『東亜英文旅行案内』の刊行などを実施し、日本を広大な海外領土をもつ大陸国家に改造しようとしたのである（小林一九九六）。後藤が東京―下関間をはじめとする幹線鉄道の広軌改築を推進しようとしたのも、「内外輸送一致の為」（鶴見二〇〇五②）、すなわち大陸と国内の鉄道の一貫輸送を実現するためであった。

ところで、後藤が満鉄経営を進めていく中で、満鉄調査部をはじめとする膨大な調査研究機関を設置したことはよく知られているが、国内の鉄道政策を樹立していく際にも、後藤は業務研究調査会議を設置し、そこでの緻密な調査・研究を通じて政策を立案していったのである。ここにも、後藤の緻密な調査を重んじる「調査の政治家」「科学の政治家」（信夫一九四一）としての特徴が遺憾なく発揮されているように思われる。

なお、後藤新平は一九二〇年に東京市長に就任し、東京市改造計画を提案した。また、一九二三（大正一二）年九月の関東大震災後には、帝都復興院総裁となって都市改造に尽力した。さらにはソビエト連邦との国交回復をはかるなど、スケールの大きな政治家として知られた。晩年は、東京放送局総裁、東京連合少年団団長などを務める一方、政治倫理化運動に情熱を燃やした。一九二九年、七三歳で没した。

第6章

根津嘉一郎

◎

老川慶喜

1　投資家から事業経営者へ

根津嘉一郎（初代）は、東武鉄道や高野鉄道の経営再建をもって、しばしば「鉄道王」と称されており、これまでにもさまざまに論じられてきた。『日本私有鉄道史研究』の著者として知られる中西健一は、明治期における鉄道資本家の類型化を試みる中で、また経営史学の泰斗である森川英正は、甲州財閥論あるいは経営ナショナリズム論を検討する中で根津を取り上げ、鉄道事業を株式投資の対象としてとらえる傾向が強く、鉄道の経営は主たる関心の外にあるという根津のイメージを形成してきた（中西一九七九、森川一九七三、森川一九七四）。

根津嘉一郎は、万延元年六月一五日（一八六〇年八月一日）、山梨県山梨郡正徳寺村（後の平等《ひらしな》村）に生まれた。正徳寺村は、山梨県中央の平野部を形成する甲府盆地に位置し、甲州街道、鎌倉往還、秩父往還などが合流する交通の要衝で、甲州養蚕地帯の中心でもあった。生家の根津家は、幕末には農業のほか、種油製造、雑穀商、質屋などを兼ねる典型的な豪農であったが、幕末・維新期から積極的に土地を集積し、明治二〇年代半ばまでには山梨県第二位の二〇〇町歩地主に成長していた（松元一九七二）。

根津嘉一郎は、兄の秀一が病弱であったため、一八八八（明治二一）年から九六年まで根津家の家督を預かり、二〇〇町歩地主の経営に敏腕を振るった。同時に、地方政治にかかわるとともに、有信貯蓄銀行の設立や興商銀行の経営に参画するなど、地方実業家としても活躍していた。そして、日清戦争（一八九四〜九五年）後の企業勃興期を迎えると株式の売買に没頭するようになり、一八九六年に病気が平癒した兄の修一に家督を譲り、翌九七年に東京に移住した。

根津が株式投資にかかわっていったのは、甲州財閥の先輩格にあたる若尾逸平の影響によるところが大きかった。根津は、若尾の「金儲けは、発明か、株に限る。（中略）若し、株を買ふなら将来性のあるものでなければ望がない。それは『乗りもの』と『あかり』だ」（根津一九三八）という言葉に従って、鉄道株と電灯株への積極的な投資を始め、莫大な財産を築いたのであった。

しかし、株式投資にのみ身を費やしていたのでは、後に「鉄道王」とまで称されることになった鉄道経営者としての根津の出現はありえないことになる。根津は、若尾とともに甲州財閥の巨頭と並び称される雨宮敬次郎の「君らも相場などで一時の利を趁《お》ふよりも事業を経営し、事業を盛り立てゝ利益を享受することにせよ」（根津一九三八）との忠告に啓発されて、事業経営への転進を決意したといわれている。そして、一八九八年の富国徴兵保険の設立を皮切りに旺盛な事業活動を展開し、一九〇五年からは東武鉄道の経営に参画していくのであった。

根津嘉一郎　東武博物館所蔵

根津は、富国徴兵保険と東武鉄道のほか、南海鉄道、西武鉄道、富士身延鉄道、秩父鉄道、日本麦酒鉱泉、磐城セメント、足利紡績などの経営に関係し、鉄道同志会会長などの要職も務めた。しかし、ここでは、こうした根津の鉄道経営者としての特徴を、東武鉄道における経営活動の検討を通じて明らかにしたい。なぜなら、根津自身が「私が最も渾身の力を盡したのは、東武鉄道会社の整理に関してである」（根津一九三八）と述懐しており、一般にも「行き悩める東武鉄道をして今日の隆昌を来たしたる如き氏の手腕の賜たり」（伊藤一九二九）と見られていたからである。すなわち、東武鉄道の経営こそが、根津の最も代表的な事業経営ということができるのである。

2　経営理念と事業経営の要諦

根津嘉一郎には、『世渡り体験談』（実業之日本社、一九三八年）というみずからの事業上の体験をつづった著書がある。ここでは、同書によって、根津の経営理念をさぐり、根津が事業経営の要諦をどのようにとらえていたかを検討することにしたい。

根津によれば、事業経営の究極の目的は、「決して金を儲けると云ふ事」ではなく、「唯一身を忘れて事業のために働き、其の事業の成功に依って聊か国家社会に御奉公」することであった。また、「国家や社会に本当に裨益しようとする真の目的」がなければ、事業経営そのものの成功もないというのである。根津にとって、国家とは経営者が「一身を奉ずる」に値する崇高なものであったのである。そして、会社と社員との関係については、「会社が隆盛に向う事は、即ち社員一同が隆盛になる事」であるから、「社長から小使までの全社員が、犠牲的精神をもって、一生懸命社務に従事」しなければならないとし、会社に対する社員の「滅私奉公の志」を強調するのであった。

しかし、根津の事業経営者としての特質を際立たせるのは次のような点である。まず、根津は、「世の中で独立独歩ほど尊いものはない（中略）人の世話をするとも人の世話にならないと云ふ心懸けが大事である」と、事業経営にあたって独立独歩の精神を貫くことの重要性を指摘する。そして、この独立独歩の精神は、「私は金を借りる時、無担保で借りると云ふ事はしない（中略）その代り無担保で借りる人よりも、利子は安くして貰う」という考え方に連なっている。また、根津は「信用は万事の基である」とも述べているが、独立独歩の精神は信用を形成し、事業経営にとって最も重要な資金調達能力を高めるというのであった。

ついで根津は、事業経営にあたっての具体的な経営戦略として「内に消極、外に積極」という方策を強調する。「積極的に拡張すべき事は拡張」しなければならないが、その一方で「不生産的な費用は早く削除」してしまわなければならないという。すなわち、根津によれば「増収と節減は、事業に於ける車の両輪」であって、事業経営を成功に導くためには「事業の増収の反面（中略）どうしても節約が缺くべからざる事」となるのであった。

ところで、根津は「会社の基礎を強固にし、一面株主配当を高める事」が、事業経営にとって最も肝要であるとした。したがって、「重役たちが、自分等の賞与だけを過当にお手盛しようとする事は、会社経営の本末を顚倒したもの」ということになる。このように、株主の利益を優先し、株主配当を高めるようにしなければならないとする経営姿勢には、投資家として財界にデビューした根津の面目が躍如として表われている。しかし、事業経営に身を転じた根津は、単なる相場師ではなかった。根津は、経営者がいかに努力をしても、時勢が悪く株主配当が少ないときには、「これは株主として我慢しなければ会社を本当にもりたててゆくことは出来ない」とも述べているのである。

このように、根津によれば事業経営の要諦は、（1）独立独歩の精神によって資金調達能力を高めること、（2）積極的な増収策と経費の節減、（3）株主利益優先の経営という三点にまとめることができる。そして、このような根津の事業経営者としての素養は、生家である山梨県の養蚕地帯の二〇〇町歩地主根津家の経営の中で培われたものであった。根津は、「一家の家政を掌るのも、一店の支配をなすのも、一会社の事業を経営するのも、凡そ其のコツは共通して居る」として、「どこに不合理があるか、それを見つけ出して、その病源を退治するのが捷道である」と述べているのである。

3　東武鉄道の設立

東武鉄道の設立登記が完了したのは、一八九七（明治三〇）年一一月であるが、根津はその設立にまったく関与していないばかりでなく、一九〇一年まではただの一株さえも所有していなかった。東武鉄道は、一八九五年四月六日に川崎八右衛門（東京市本所区）ら一二人によって、資本金一八〇万円をもって、東京市本所区から千住、久喜、加須、羽生、館林などを経て栃木県の足利にいたる五二マイル（約八三・七㎞）の鉄道敷設を目的に設立発起され、翌九六年一〇月一六日に東京市日本橋区の銀行集会所で創業総会を開催した。なお、資本金は、一八九六年四月に二〇〇万円となり、創業総会が開かれたときには二六五万円となっていた。

創業総会では、取締役に原六郎、末延道成、渡邊洪基、今村清之助、南條新六郎、監査役に原善三郎、田島信夫、前島密が選出され、社長は空席とし、専務取締役に末延道成が就任した。根津嘉一郎が東武鉄道の経営にかかわっていくのは、一九〇五年四月に取締役になってからであった。しかし、根津は、取締役に就任すると翌五月には専務取締役、一一月には取締役社長となり、以後一九四〇（昭和一五）年一月に死去するまで、東武鉄道の社長として君臨し、いわゆる根津コンツェルンを形成するのであった（勝田一九三八）。

一方、根津の名前が東武鉄道の株主名簿に初めて登場するのは一九〇二年九月のことで、所有株

年度	営業収入			営業費	営業利益	営業係数	配当率	株価
	旅客収入	貨物収入	合計					（平均）
1899	41,510	3,012	44,522	37,257	7,265	83.7%	6.6%	26.61
1900	93,873	11,545	105,418	65,483	39,935	62.1%	5.0%	22.40
1901	94,519	18,509	113,028	64,613	48,415	57.2%	4.0%	17.34
1902	137,357	22,199	159,556	95,920	63,636	60.1%	4.0%	21.65
1903	160,834	32,378	193,212	116,334	76,878	60.2%	4.0%	23.59
1904	165,231	47,224	212,455	166,342	46,113	78.3%	2.0%	19.68
1905	183,422	53,407	236,829	190,413	46,416	80.4%	1.5%	23.35
1906	202,794	69,986	272,780	180,900	91,880	66.3%	4.5%	36.47
1907	289,018	120,018	409,036	270,205	138,831	66.1%	6.5%	51.08
1908	327,129	159,284	486,413	322,090	164,323	66.2%	6.5%	41.53
1909	335,708	172,451	508,159	333,852	174,307	65.7%	7.0%	50.97
1910	419,233	179,542	598,775	421,353	177,422	70.4%	6.1%	61.13

東武鉄道の営業成績

出典：東武鉄道『事業報告書』各期、東京株式取引所『東京株式取引所五十年史』1928年、その他。

式数はわずか一六〇株にすぎなかった。しかし、根津はその後急速に所有株式数を増やし、社長に就任した一九〇五年下期には一〇〇〇株を所有する大株主となった。根津の所有株式数はその後も増え続け、一九〇七年九月には三八一〇株の筆頭株主となり、〇九年三月には六〇三〇株を所有し、東武鉄道の総株式数の一一・四％を占めるにいたった。また、一九〇九年下期には所有株式数を二万株とし、東武鉄道の総株式数に占める割合も一八・九％となっていた。

こうして、根津嘉一郎は、社長として経営の任にあたるとともに筆頭株主となり、その後も所有株式数を急速に増やしていった。いわば、根津は所有と経営の両面から東武鉄道に対する実権を強めていったのである。

ところで、東武鉄道の経営指標を見ると

（表）、根津が経営にかかわっていく頃には著しい悪化をきたしていた。営業収入はわずかながら増加しているが、営業費、なかでも総係費（本社費、諸建物保存費）および諸利子（割引料、諸利子、社債利子、当座貸越金利子）が著しく増加し、営業係数をみると一九〇四年度と一九〇五年度には八〇％前後に達していた。とりわけ、一九〇四年下期には八五・六％、一九〇五年上期には八四・一％と、著しい悪化をきたしていた。また、この二期には株主配当も無配となり、年度でみても一九〇四年度は二・〇％、一九〇五年度は一・五％と低迷していた。株価も払込額を大きく下回るようになった。東武鉄道は、一八九八年一二月二〇日に東京株式取引所の定期取引に上場するが、一八九九年には二二円払込みの株式が平均株価二六円六一銭（最高株価三一円、最低株価二一円五〇銭）と払込額を上回っていたが、一九〇〇年以降は払込額を割り、売買高も低迷を続けていたのである。

根津嘉一郎が経営に参画したころの東武鉄道は、このように破産寸前の「ボロ会社」であった。根津自身、当時の東武鉄道について「処女配当は七分二厘であつたが、其後、配当が六分となり五分五厘となり、終ひには四分と云ふ風に、段々尻つぼまりになつて行つた末、遂に無配当となつて、会社騒動を惹起したものである」（根津一九三八）と、後に回想している。

4　東武鉄道の経営再建

東武鉄道の社長となった根津嘉一郎は、「消極的には出来る限りの冗費を除くと共に、積極的には不況当時最も困難とされていた（株金の：引用者）払込を断行して、専ら社内の改革や整理に尽力」（根津一九三八）し、経営再建をはかった。東武鉄道の経営悪化の要因が、株金の払い込みの停滞と借入金増加による諸利子の増大にあると考えたからである。このような根津の再建策は功を奏し、一九〇五年（明治三八）下期以降営業費が減少し、一九〇六年度の営業係数は著しく好転した。一九〇五年下期の東武鉄道の『事業報告書』によれば、営業費減少の「主因ハ諸般ニ亘ル経費節約ト株金払込ニ依リテ借入金ノ減少セルト又市場金利低歩トナリシ為」であったとされている。

しかし、さらに注目されるのは積極経営としての路線延長である。東武鉄道は、設立当初足利までの鉄道敷設を計画していたが、一九〇三年四月に利根川の手前の川俣までは敷設できたものの、利根川を越えて足利まで延長することはできなかった。そのため、東武鉄道の営業収入はそれほどの増加をみなかったのである。

しかし、一九〇七年八月に足利まで路線が延長されると、東武鉄道の営業収入は貨客ともに著しく増大した。一九〇七年度の営業収入は四〇万九〇三六円で、前年度比約五〇％の増加となった。そして、一九〇九年度の営業収入は五〇万円を超え、一〇年度には約六〇万円に達した。足利まで

待望の利根川橋梁が完成（明治40年）。列車が通過するたびに見物人から歓声がわき起こった。　東武博物館所蔵

路線が延びたため、これまで綾瀬川、古利根川などの舟運を利用していた貨物が東武鉄道を利用するようになり、麦、肥料、鉄物各種、セメント、砂利、石炭などの輸送が増えたのである。また、旅客輸送においても遠距離乗客の数が増え、旅客収入の増大をもたらしたのであった。

足利延長線の建設費を調達するため、根津は株金の払い込みを断行するとともに、社債の発行や借り入れを行なった。一九〇五年五月三〇日に足利延長線敷設の免許を受けると、同年一〇月二九日に二五〇万円の社債を発行し、川俣～足利間および亀戸～越中島間の敷設費用と借入金の償却にあてた。また、翌一九〇六年一〇月一〇日には一五〇万円の社債を発行し、曳船～小梅瓦町間、足利～沼田間の路線延長を計画し、敷設費用を社債や借入金で調達しようとしたのである。

そのため、一九〇七年下期以降、利子負担が増大し、営業利益も伸び悩むようになった。

それにもかかわらず一九〇七年度以降、株式配当率は六ないし七%で安定的に推移し、株価も払込額を上回るようになった。営業利益が伸び悩む中で、安定した配当を維持しえたのは、根津が利益処分において役員賞与金への配分を抑え、後期繰越金および配当金への配分を増やしたからであった。こうして、根津みずからが語っているように、東武鉄道は「利根川に当時では大工事であつた一千八百尺〔およそ五四五m…引用者〕といふ鉄橋を架けたり、また埼玉県の川俣止まりだつた線路を川向うの栃木〔県…引用者〕まで延長したりして、収入も段々と増えるやうになつて来た」(根津一九三八)のであった。

5　沿線産業の振興と東武沿線産業振興会

根津嘉一郎は、太田への飛行機工場の誘致や草加への大阪窯業東京工場の誘致などに見られるように、「沿線に工場を起こし、産業を興すこと」(根津翁伝記編纂会一九六一)にも熱心であった。根津は、運賃割引などを実施し、沿線に工場を誘致し、貨物輸送の増加をはかったのである。増収策の一環としての沿線諸地域の産業振興という考え方は一貫しており、昭和恐慌期の経営再建策として組織された「東武沿線産業振興会」もそのような事例のひとつであった。

東武鉄道は、一九二三（大正一二）年九月の関東大震災後、震災復興に必要な貨物、とりわけ砂利、石材などの輸送が増大し、「戦前期において最も経営の良好な時期」（老川一九八三）を迎えていた。しかし、昭和恐慌期の東武鉄道の経営は、著しい不振をきたすことになった。営業係数、利益率、株式配当率などの経営諸指標が悪化したばかりでなく、路線延長も増資もほとんどなされなかった。すなわち、営業路線は一九一九年から三一（昭和六）年までに一六〇kmから四八〇kmへと約三倍に延びたが、それ以後の路線延長はほとんど見られないし、資本金も一九二〇年一月の二〇〇〇万円が二六年四月には五〇〇〇万円となり、約二・五倍の増加を示すが、その後は一九三一年に五〇〇万円の増資が行なわれただけであった。また、東武鉄道の貨物収入は、一九二八（昭和三）年下期までは増加傾向にあったが、二九年上期から減少に転じ、減少傾向は三七年下期まで続いていた。

問題は、こうした東武鉄道の貨物輸送の不振が昭和恐慌という循環的な要因のみではなく、国有鉄道との競争、自動車輸送の発展などという、この時代に特有な構造的要因にもよっていたことである。東武鉄道は、こうした事態を打開するため、電化区間の延長や日光線の開業を断行して、旅客輸送の増加をはかった。東武本線の全線電化は一九二七年一〇月、東上線の全線電化は二九年一二月に完成するが、これによって運転回数の増加と運転時間の短縮がもたらされ、旅客収入が増加した。また、一九二九年一〇月に下今市～東武日光間が開通して東武日光線が全通すると、根津は日光の観光開発に本格的に取り組み、旅客輸送の増加をはかった。

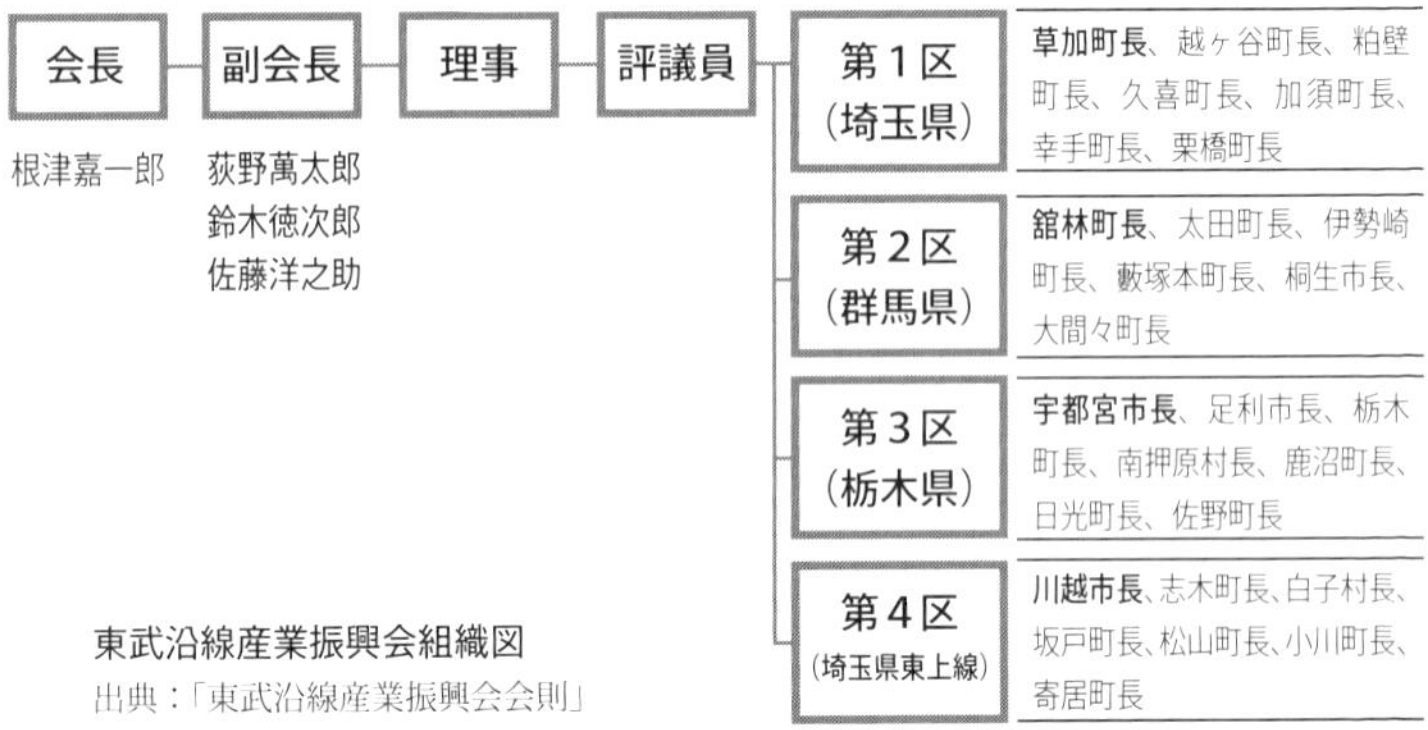

東武沿線産業振興会組織図
出典：「東武沿線産業振興会会則」

注：太字は地方委員長

こうして、根津は東武鉄道の経営再建のためにさまざまな対策を採ったが、一九三二年には東武沿線産業振興会の設立を企てた。根津は、同年二月一三日、東武鉄道沿線の産業振興のための協議会の開催を沿線の市町村長一五二名および有志一〇名に呼びかけ、協議会への招待状を送付した。この呼びかけは大きな反響を呼び、三月一日に浅草の松屋で開催された協議会には、沿線市町村長一三九名、有志八名、東武沿線産業振興会の幹部二名が出席し、東武鉄道側からは社長の根津嘉一郎以下七名が参加した。

午後になって、協議会は具体的な審議に入り、出席者から東武鉄道に対して、省線との円滑な連絡の実現（栗橋町）、米の配給所および精米所の設置（南押原村）、運賃の低減化（杉戸町、坂戸町）、地域振興への積極的な取り組み（草加町）、停留場の設置（不動岡村）などの具体的な要望が寄せられた。このように、沿線市町村は、地域振興のうえで東武鉄道に大きな期待を寄せており、協議会では沿線諸地域の産業振興をはかるための組織をつくるという合意が得られた。この組織は、さしあたり「東武沿線産業研究会」と名づけられ、沿線諸地域を第一区（東京府）、第二区（埼玉県）、第三区（群馬県）、第四区（栃木県）、第五区（東上線沿線市町村）の五区に区分し、区ごとに常置委員を選び、東武鉄道沿線の産業発展について協議していくことになった。

それでは、根津嘉一郎は、この東武沿線産業研究会をどのように位置づけていたのであろうか。東武鉄道は一九三二年一〇月二一日に再び関係者を招集し、浅草松屋の六階で会議を開いた。そこで、根津は「此会ハ我東武鉄道ノ利益ノ為メニノミ設ケラレタルモノニアラズ、鉄道ト地方ト互ニ連絡ヲトリ協調ヲ保チテ産業ノ振興ヲ議シ相互ノ福利ヲ増進センガ為メニ設立シタルモノ」であるとし、「沿道デ自発的ニ種々研究ヲナシ、鉄道ヲ鞭撻」してくれるよう要請した。そして、その後の審議の中で、東武沿線産業研究会の名称は東武沿線産業振興会と改められ、「本会ハ東武鉄道沿線各地ニ於ケル物産ノ改良、資源ノ開発、商工業ノ振興ヲ図ルヲ以テ組織ス」（「東武沿線産業振興会会則」第二条）ることとされた。会長には根津みずからが就任し、副会長には荻野萬太郎（足利市）、鈴木徳次郎（川越市）、佐藤洋之助（古河町）の三名が選ばれ、図のような組織となった（志木市一九八九）。

このように、根津嘉一郎は東武鉄道の経営不振から脱却するため、沿線地域の産業振興をはかるために東武沿線産業振興会を組織したのであった。根津嘉一郎の鉄道経営には、こうした地域振興の姿勢が貫かれていた。

なお、根津嘉一郎は、東京電灯、帝国石油、日清製粉など鉄道事業以外の会社の経営にも携わり、衆議院議員、貴族院議員としても活躍した。また、武蔵高校や根津化学研究所の創立など、学術・文化事業にも大きな貢献を果たした。故郷の平等村に橋（根津橋）を架けたり、小学校にピアノ（根津ピアノ）を寄付したり、社会貢献も忘れなかった。初代嘉一郎は一九四〇年に死去したが、その事業は長男の藤太郎（のち二代嘉一郎を襲名）に引き継がれた。二代嘉一郎は、戦後の日本が高度経済成長を遂げる中で、百貨店、不動産、レジャーなどの事業にも積極的に進出し、東武鉄道グループの多角化を進めた。

第7章

島 安次郎

◎

齋藤 晃

1 島安次郎の位置

鉄道は軌道と車両などが一体になったシステムだが、その発祥は地上側である軌道の方がはるかに古く、家畜や重力を使う線路は鉄道技術として一八世紀から確立していた。上を走る機関車が高速輸送機関として認められたのは一八三〇年のリバプール・マンチェスター鉄道まで待たねばならない。鉄道は土木技術として先に確立、後に機械技術が加わった。

日本の鉄道はイギリスから四〇年以上も遅いので、線路も機関車も基本的に完全な実用期にあったが、日本でも機関車の生産は大幅に遅れた。古くから治水や築城で土木技術の基礎を持っていたので、早急に軌道建設の技術を身に付けることが出来たが、鍛冶屋程度の鉄工技術では機関車の製造には遠くおよばない。イギリスとしても鉄道を売り込むには現地で線路を敷設する必要があり、優秀な人材を送り込んだが、運べる機関車は使い方さえ指導すればいい。外国で機関車生産に力を貸すのは自国産業の発展上も好ましくなかった。

したがって一八七二（明治五）年の開業からC62形の生産が終わった二〇世紀前半までの約八〇年を日本の蒸気機関車時代とすれば、その前半四〇年、すなわち明治と大正の境まで、ほとんどの機関車を外国製に委ねていた。しかしこの時点を契機に、国産機の量産体制を立ち上げ、輸入を一切遮断する大転換を果したのは、機関車後発国では日本だけといえる。この中心にあって指導的な役割を演じたのが、島安次郎だった。もちろん彼の力だけでなく、日本の工業もようやく近代化が進み、近代製鉄技術も向上、明治末期になって満足な鋼鉄が産業界に出回ってきたこともあげられる。その上に、それまで蓄積した機関車製造技術が開花したのだ。この中で、彼は優れた技術者であったが、それ以上に可能な技術を活かす優れた企画者であり、指導者であったというべきだろう。多くの点で日本の国産蒸気機関車史上最も強い影響力を残した逸材であった事は疑いない。

2 関西鉄道時代

島安次郎は、一八七〇年に和歌山の薬種問屋に次男として生れた。家業の跡継ぎではなく医者になることを嘱望されたため、医者に必須のドイツ語を習得すべく「独協」に入った。西欧文明の導入にはイギリス、アメリカとともにドイツが注目され、特に陸軍や医学の面で師となったからだ。このドイツ語が国産機関車の製造の上で、大きな働きをすることになる。

しかし第一高等学校在学中に、機械工学に進む道を選んだ。鉄道にどのような関心を抱いていたかは定かでないが、一八九四年に帝国大学工学部機械工学科（現・東京大学）を卒業、関西鉄道に奉職する。

後に名古屋と大阪を結ぶ関西鉄道は、官鉄と激しく競合することになるが、当初は三重県、滋賀県などの地方鉄道として認可されていた。建設を東大教授で、後に土木学会会長になる白石直治に依頼したが、彼は間もなく退官して関西鉄道社長に専心した。島が官鉄や日本の基幹をなす大手私鉄ではなく、地方鉄道を選んだのは、先輩である社長の期待が大きかったことが想像される。

島が入社した一八九四年頃は、桑名から亀山、さらに加太峠を越えて柘植から草津まで開通していたが、大阪には達していなかった。浪速鉄道（片町線）と城河鉄道（免許だけで、建設は関西鉄道）を買収して名古屋から大阪までの路線を確保したのが一八九九年、さらに翌年、大阪～奈良間南回りの大阪鉄道を買収して湊町までの本線が開通した。

機関車両数では私鉄中、日本、九州、山陽各鉄道に次ぐ第四位、客車両数では日本鉄道に次ぐ第二位の地位にあったが、寄合い所帯のため四日市工場で客車は造るものの、官鉄の神戸工場、山陽の兵庫工場のような機関車の製造に手はおよばず、指導者もおらず、技術も育つ環境になかった。したがって島は、機関車の設計製造の実務を体験する機会を持てなかった。

このような環境の下、閃くアイディアを現している。客車に切符の色と同じ赤青白の帯を付けて、文字の読めない時代の客の誤乗の防止を考え出した。また一九〇〇年にイギリスから石油ガス発生装置一式と二〇〇両分の器具（ガス灯）を導入し、車内の照明を一新した。官鉄では急行列車に電燈の車内照明を開始したが、当時の電燈八燭光にくらべても、ガス燈は一〇燭光を放ち、加えて経費は約半分に留る。島の視点は経済性も考え、物造りだけの技術者と一味違うところを見せている。

白石は一八九九年、大阪までの全通式の後、自分の使命は完了したと考え辞任したが、欧米で実務を体験してきた白石は、建設したトンネルや橋梁の一部で標準軌の規格を使った。島は後に広軌(標準軌のこと)化の主張を展開するが、これが標準軌規格の最初の体験となる。

大阪まで直通した関西鉄道は、速さでも官鉄と激しく競争する。距離は米原回りの官鉄にくらべてやや短いが、勾配区間は多く条件は必ずしも有利でない。一八九七年には、亀山~名古屋間の平坦区間用に官鉄機を上回る動輪径一五七五㎜のアメリカ製四―四―〇早風号を投入し、大阪(湊町)~名古屋間を四時間五八分と五時間を切り、官鉄の五時間一〇分を上回った。この機関車は当時、欧米でその経済性から近代機関車の本命として注目された複式機関車であった。遅れた日本では非常に珍しく、島の進取の気性を良く表している。

島安次郎

白石の後には田健治郎が社長に就いた。日清戦争当時、逓信次官として広島まで開通した山陽鉄道での軍事輸送を指揮した経験から、鉄道は一貫輸送が出来る国鉄に統合するべきとの強い意見を持った。線路はつながっても連結器などが不揃いで、兵や貨物の載換えで混乱し、統合していたプロイセンにくらべて輸送力は格段の差があった。田はこの両者を体感して、当時は関西鉄道社長におさまっていたが、国鉄統合に強い主張を持ち続けていた。

その田は島の仕事ぶりを見てその能力を高く評価し、一地方私鉄に埋没することを惜しみ、各鉄道を監督する逓信省に行くことを薦めた。国鉄統合の暁には、その中心として活躍することが出来る。この薦めによって島は一九〇一年、関西鉄道を去り、逓信省技師となった。

3　留学から工作課長に

技術のエリート達は欧米へ留学する。それは今とは比較ならない大仕事だった。一九〇三年、官鉄でトレビシックに教えを受けた神戸工場長兼工作課長の森彦三と、逓信省から出向し日本鉄道大宮工場長の斯波権太郎は欧米視察へ出かけることになった。両者はともに、一八九一年帝大機械工学卒である。時を同じくして三年後輩の島もドイツに留学する。異例なことであったが、島の身分は嘱託となり、日本鉄道の輸入機関車の立会いという名目による自費での渡航であった。このような措置が通用したのは、逓信省に隠然たる力を持つ田の姿が垣間見える。

ドイツ語に堪能な島は、ここプロイセンで未知の文化の前に大きなカルチャーショックを受けた。機関車製造のみならず多くを学び、人格形成上にも大きな影響を受けたことだろう。ここで広軌化への期待も確信に満ちた信念に変貌したのではないか。

北ドイツ一帯を東西に占めるプロイセンは、平原が広がっている。動輪径を大きくすることができ、軸数は少なくて済む。旅客用は四―四―〇が主体で、急行用は動輪径約二m、普通用は一・七五m、貨物用は〇―八―〇が主力だった。運転部門の経験の深い機関車責任者ガルベは広い辺境の地を考慮して、単純な構造の機関車を好んでいた。一方ガルベの師シュミットは、画期的な煙管式過熱装置の実験に成功していた。これが島の体感した先進文化であり、その後の国産機関車に重大な影響を与えるものだった。

日露戦争の後の一九〇六〜七年にかけて、主要一七私鉄は官鉄に統合され、北海道から九州まで全国を統括する国鉄（帝国鉄道庁、翌年鉄道院へ）が生まれた。機関車は一一四七両増えて二一四〇両になり、客車は五〇〇〇両弱、貨車は三万二〇〇〇両を超えた。

この時、各鉄道の車両技術の責任者も東京に集められ、これらの車両の整理から始められたが、島はこれを統括する運輸部工作課長に抜擢され、先輩の森、斯波との地位は逆転した。これが田の計画した国鉄統合人事の一端と思える。島はプランナーとして改革者として適役を得たといえよう。

最大の問題は連結器だった。島は全国（本州）に流通する貨車二万四三一一両を実地に調べ、その対策を立案した。貨車の片方（前）は鎖だけ、もう片方（後）には中間にネジ付の鎖で、相手車両のフックに引っ掛けた後ネジを締め上げる。問題は形や位置が不揃いで連結できないものがあり、強度不足のものもあった。一個の強度不足が列車重量全体を規制するので見逃せない。また前後の形が違うので貨車の方向が変わると連結できず、その度に向きを直すか、貨車の連結器の前後を取り替えるため効率が著しく落ちる。日本においてこれらの問題を根本的に解決したのは、さらに一五年以上たった一九二五（大正一四）年の七月一日で、本州の全貨車を自動連結器へ交換する大作業であった。その時すでに国鉄を去っていたが、長期にわたって地道に準備を重ねた島の長期計画であった。

磨耗や破損により車軸は交換する機会が多いが、ゲージは合っても軸受部分の寸法が違い、各種の在庫が必要で混乱を極めた。これの根本的な解決は、一九一六年の規格改定で採用された長軸車輪である。客貨車などの動力のない車軸は、島年来の主張である広軌化に、いつでも対応できるように長い車軸に規格化された。これは一九五四（昭和二九）年まで継続された。

4　国産量産機の立ち上げと最後の輸入機群

輸入機主体の雑多な機関車や客貨車の整理に目処を付け、いよいよ一九〇九年から新たな国産「量産機」に挑むことになった。統合時の国産機はまだ手造りで一〇〇両に達しない。

機関車を知る者は上層部になく、明確な設計方針はなかった。島は機関車の最高責任者だが機関車設計の実務経験はなく、トレビシックの直弟子として最も経験のある森が第一号の設計をすることになった。森の設計図は残っておらず詳細は不明だが、性能向上を求め大きな広幅火室を持つ従輪付きの四―四―二で、動輪径は一六七七㎜と島の関西鉄道「早風」号で採用した日本最大のものから、一〇㎝以上大きい意欲的なものだったという。しかし島は決定権者の工作課長として、この設計を没とした。なぜか。

表現としては「従輪は無駄」といわれているが、その理由はいくつかあった。四―四―二は先従輪三軸に対して動輪二軸で、全重量に対して動輪上重量が軽く牽引力が出しにくく、その上勾配や列車を引き出す時は動輪上軸重が従輪に移動してスリップしやすい。平坦区間の高速向きで、高速から貨物用まで幅広く使われる四―四―〇が欧米でも圧倒的に多い。したがって勾配の多い日本の実情を考慮して、四―四―二に反対したのは理解できる。さらに森が従来の輸入機の主要幹線用高性能機を上回るものを狭軌で目指したのに対して、島はもっと広い用途を考えた。またドイツをはじめ欧米の過熱蒸気の採用状況から見て、今、日本で出来る飽和蒸気で高性能を求める事はせず、高性能機は過熱蒸気採用まで待つべきと考えた。

蒸気機関車のパワーは、基本的に石炭を燃やす火床面積の大きさで決まる。四―四―〇では狭火室となるため狭軌では二㎡程度に限られ、蒸気発生力は劣り、連続高速走行をする上で問題だ。従輪を付け、その上に広火室を載せることを森は考えた。しかし熱心な広軌論者だった島は、狭軌のまま続くとは考えていなかった。近い将来、あと三七㎝ゲージが広がり、その分火床面積が増えれば三㎡を超える火床が採れて、実用上全く問題ないのである。事実プロイセンでは三軸動輪でも従輪がなく、狭火室で十分だった。

　島の意識には従台車を否定する要件が重なっている。否定された森は争いを好まず、大著『機関車工学　上・中・下』を書き上げ、一九一〇（明治四三）年に国鉄を去り、新天地である満鉄の沙河口《さかこう》工場長に転進した。一九一四年にはソリサ形によって、標準軌機関車の国産化を成し遂げることになる。

　島はトレビシックの二番弟子とも言うべき太田吉松を使い、自分の考え、すなわち彼の地で学んだ発想を具体化した。二年かけて一九一一年にようやく完成したものは、プロイセンの普通列車用四―四―〇、動輪径一七五〇㎜のＰ４形を狭軌にデチューンした動輪径一六〇〇㎜の飽和蒸気の６７００形である。この四六両が国産量産機関車の始まりであった。

　日露戦争後、大陸との交流で国内では東京から下関まで豪華急行列車を走らせることになった。七両編成三〇〇トンの重量列車を引くため、動輪三軸のＣ形高速機関車が要る。経験のないこの領域は輸入に頼らねばならず、島は従輪のない四―六―〇テンホイラーで基本仕様をまとめ、イギリス、アメリカとドイツの二メーカーに発注した。同じ仕様で各国、各メーカーの特徴、優劣を判断したかったのである。

　その時島は、鉄道の国際会議のためヨーロッパに出張していた。二度目のドイツである。考えを

狭軌の国鉄機関車と参考とした広軌機関車

国名	ドイツ	日本	ドイツ	日本
鉄道	プロイセン	国鉄	プロイセン	国鉄
形式	P 4	6700	P 8	8800
軸配置	4-4-0	4-4-0	4-6-0	4-6-0
ゲージ mm	1435	1067	1435	1067
製造年	1897	1911	1906	1911
動輪径 mm	1750	1600	1750	1600
シリンダ径×行程×n	430 × 600 × 2	406 × 610 × 2	575 × 630 × 2	470 × 610 × 2
ボイラ圧力 kg/㎠	12.4	12.7	12.0	12.7
伝熱面積㎡	110.1	105.1	143.3	112.1
過熱面積㎡	0	0	58.9	26.9
火床面積㎡	2.30	1.58	2.58	1.86
機関車重量トン	45.7	44.5	78.2	50.8

島の広軌機関車と関連機関車
（セントクラスは 1917 年当時の改造後）

国名	日本	イギリス	ドイツ
鉄道	官鉄	GWR	プロイセン
形式	広 2C	セントクラス	(仮称)S8
軸配置	4-6-0	4-6-0	4-6-0
ゲージ	1435	1435	1435
製造(計画)年	(1917)	1902	(1912)
動輪径mm	1980	2045	1980
シリンダ径×行程×n	508 × 762 × 2	470 × 762 × 2	590 × 660 × 2
ボイラ圧力 kg/㎠	12.7	15.8	12
伝熱面積㎡	138.5	146.6	164
過熱面積㎡	36.8	24.4	55
火床面積㎡	2.51	2.52	3.1
機関車重量トン	66	72	81
動輪上重量トン	44	56	51

めぐらす眼前には、出来て間もない世界初の量産の過熱蒸気機関車で、最高時速一〇〇㎞のプロイセンのＰ８形が活躍していた。四―六―〇で動輪径は一七五〇㎜、旅客用としてドイツで三八〇〇両もの最大両数となった機関車である。ガルベの苦心作だった。

島の設定仕様は、これを狭軌にデチューンしたものだったと思われる。動輪径一六〇〇㎜の四―六―〇で、プロイセン邦鉄道の専属メーカー、シュヴァルツコップ社の製造した８８００形が指示した仕様に最も近かったといわれる。同じドイツでもボルジッヒ社製は独自の構想で、プロイセンの四気筒の新形Ｓ10形（一九一〇年製）を二気筒にし、狭軌化したものだった。コネクティングロッドが短く第一動輪を駆動する方式や、棒台枠、高い位置にあるボイラに驚き惑ったが、ボルジッヒの自信に島は納得した。８８５０形である。

イギリスのノースブリティシュ社の回答は、主要寸法は納得のいくものだったが、まだドイツから特許の取得が出来ず、過熱装置が組み込めなかった。８７００形である。さらにアメリカのアルコ社の回答は四―六―〇ではなく、四―六―二パシフィックであった。８９００形で、最新式のコール形従台車を付けて軸重移動を抑えている。狭軌でいくには列車の重量増を考えて広火室を採用すべきとするのがアルコの主張だ。島の意識にある広軌化の前提と違う。

これでは公平な比較にならないと、島は英、米にキャンセルをするよう遠くベルリンから迫ったが、この主張は無視されて、四形式はそれぞれそのまま一九一一、一二（大正元）年に七二両輸入された。その内8700形と8850形は島の指示で、日本の国鉄の機関車製造に参画するメーカー二社の技術向上のため厳格なコピーが製造された。計一〇二両はこれから約一〇年、日本の第一線機として表幹線である東海道山陽の看板列車を牽引し活躍した。

5　量産体制の確立

6700形設計者の太田吉松は、車両工業に新規参入した川崎造船所に移り、そこで新たな二―八―〇、9550形を一九一二年に完成させた。これも直ちに過熱装置を組み込んで、さらに大幅に改良し、一九一三年には世紀の量産機関車9600形を生み出す。動輪上に載る広火室は輸入機の模倣ながら一層大型化し、高いボイラ位置の独特な形態をしている。

6700形の系列は更に量産化するにあたって、そのまま四―四―〇の過熱式でいく6760形と、動輪を一軸増やし二―六―〇とする8620形に分かれた。8620形の動輪の径と配置寸法は8800形と同じだが、地方幹線に入るため先輪を一軸に小型化する。この先輪は横振れする第一動輪と組んで二軸先台車の役割を果し、カーブを四―四―〇の様にスムースに通過する。急カーブの多いオーストリアなどで使われた機構を完璧な形に改良し、通称「島式」といわれる。8620形の牽引力と優れた小回性のため、6760形は影の薄い存在になった。

注目すべきはその生産量である。8620形は一九二九（昭和四）年まで一六年間に六八七両、9600形は一九二六年まで一四年間に七七七両と長期にわたって大量に生産し続けた。先進国とくらべれば驚く数ではないが、当時、総数で二三〇〇両程度しかない状況の上にこれが追加されたのだから、その影響力は計り知れない。第二次大戦の際に大量生産されたD51形の一一一五両に次ぐ二位、三位の大所帯である。これによって機関車の量産体制は日本で確立した。しかしこの間ほとんど改良もされず、造り続ける事が国鉄の常識になった。責任者が変われば機関車も変わる先進国の常識とは異なり、島が国鉄を去っても長く造られた。隠然たる影響力を示すものだ。

6　広軌化論争

日本は出発点で一〇六七㎜の狭軌を採用した。その頃の国力ではそれでも重荷であったが、国の指導者達が諸外国に出向くようになると、先進諸国の標準軌との差が目に付き始め、まだ東海道線も全通していない頃から広軌化の論争は始まった。

国鉄に統合された翌年、初代鉄道院総裁に後藤新平が就いた。気宇壮大な彼は、着任後直ちに日本も広軌化するべく行動を開始した。これは島に明るい灯を点した。後藤の主張を端的にまとめれば、輸送需要が上がれば標準軌の方が当然有利になるので、主要幹線から広軌化すべきというもの

9600形　1913年製

8620形　1914年製

18900形（C51形）　1919年製

（いずれも筆者撮影）

であった。東京〜下関間の輸送力増強のための新線の検討から入ったが、国鉄内部でも意見は割れ、単純に広軌有利とはいかなかった。改軌は膨大な国家予算を伴うことでもあり、国会の議論は政党間の争いに拡大し一〇年以上も続いた。

この間島は、技術的に可能な具体案を積み上げていった。島の計画は後藤の主張の裏付けとなったが、方法論としては少し違っていた。島は経済性を重視して、トンネルや構造物の限界の拡大や勾配カーブの改善など改軌のメリットとなることを棚上げし、現状をあまり変えず経費を抑えて、とりあえず全国を広軌化するというものであった。機関車の工作技術の高い大阪周辺から広軌化を開始し、暫時東へ拡大する計画であった。長尺車軸もそのひとつで、ゲージの分断地点で車輪を短時間で嵌め変え、直通運転をする。実験は一九一七年に大井工場で行なわれた。また貨物用の２１２０形一両を広軌化して、横浜線に敷かれた標準軌の上を走らせ、その可能性を示した。しかし貨物用では高速は出せず、一般へのアピールは弱く自己満足の感が強かった。

同時に標準軌の機関車計画を発表した。プロイセンの機関車の性能水準を狙ったが、８６２０、９６００形しか実績のない中で、その仕様は精査できず、外観を含めて未熟なものであった。計画されたのは急行用四―六―〇と勾配用と貨物用の二―八―〇の三種で、注目されるのは時速一一〇㎞の急行用広２Ｃ形であった。

一九一〇年頃、ガルベはＰ８の進化型として、単純な二気筒で、低圧の一二気圧でも十分な性能

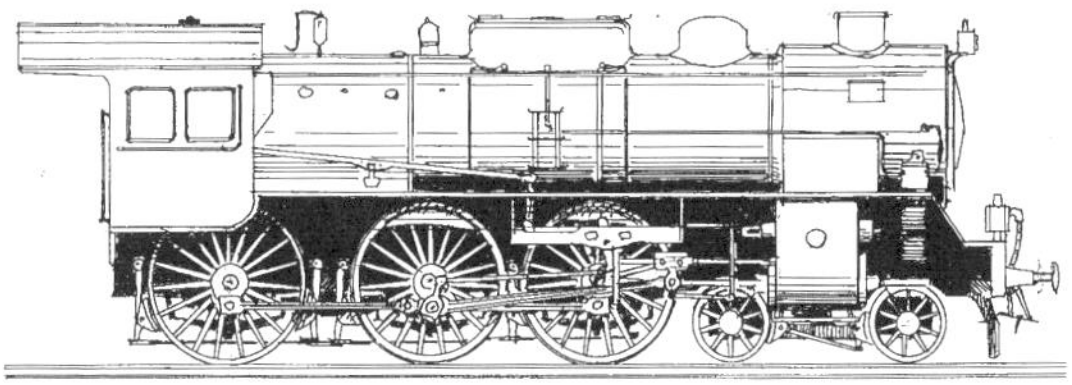

参考となったガルベ設計（仮称）S8
（プロイセン・ガルベの計画）

参考となったグレート・ウエスタンのセントクラス
（イギリス製）

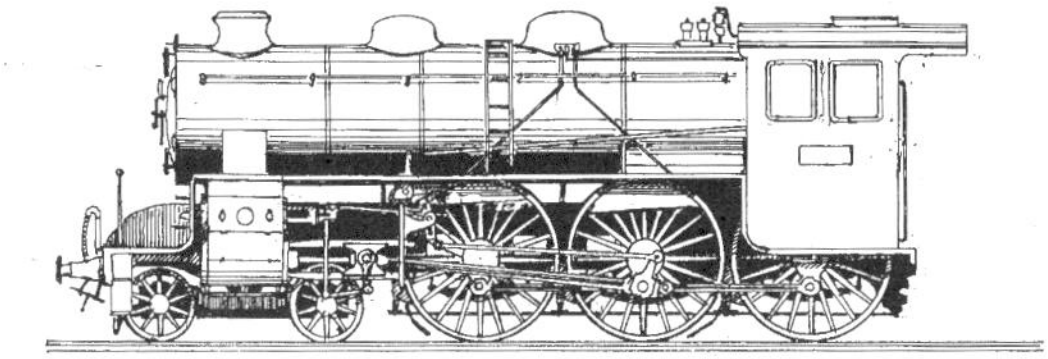

島設計の広 2C 形　　　　（いずれも筆者画）

（時速一一〇㎞）を持つ経済的な急行用機関車Ｓ８（仮称）を主張した。しかし上層部は懸念を示し四気筒のＳ10形に変えた。島の広２Ｃの仕様はこのＳ８をもとにして、イギリスの一九〇二年製の名機セントクラスと融合させたと思われる。Ｓ８よりボイラは圧力をやや上げているが小型で、二気筒では果たしてドイツの懸念は解消できるのか不安が残っていた。実績のあるセントクラスとほぼ同じ大きさのボイラとはいえ、イギリスのグレート・ウエスタン・レールウェイ（ＧＷＲ）は日本の常識よりも二割も高い八〇〇〇キロカロリーを持つウェールズ炭を使い、それで一五・八気圧を出すのであるから敵いそうもなかった。

外観は長さの制約か、軸重移動の懸念か非常にリヤオーバーハングが短く、縦長のキャブとともに異様な感じすらする。広軌化すれば高性能機関車が出来るというアピールだが、果たして期待する性能は出るのか、瞬間速度は可能でも持続することは困難だろう。８６２０形、９６００形の次の進化モデルが標準軌で示されたところに島の広軌化への執念が表れている。

広軌化の議論は国会で続くが、中心にある後藤新平は政策の駆け引きで手を引いたため一九一九年に打ち切りが決定し、今後国鉄は狭軌でいくことが決まった。国鉄技術陣の最高の地位である技監になっていた島はこれに反対の姿勢を崩さず、夢は破れ同年六月国鉄を去った。

7　満鉄から汽車会社

島は休職となり満鉄理事に就任し、これから四年間、憧れの標準軌の機関車にかかわる事になる。しかし満鉄は既に気候風土などの条件に合ったアメリカ形機関車で固められていて、輸入とこれをベースに技術を磨いた沙河口工場で生産する四—六—二（パシシ）や二—八—二（ミカイ）など大型機を登場させており、島のドイツ形の影響力は見られない。

一九二三年、内地に帰った島が再び国鉄に戻った足跡は無い。日本機械学会の会長に就任し、新線の建設や私鉄の買収などを審査する鉄道会議の議員にもなっていたが、しばらく雌伏の時を過ごす。

時は移り一九三四年、汽車製造株式会社の会長に就いた。同社は鉄道の父井上勝が機関車国産化の期待をこめて、一八九六年に設立した由緒ある日本初の本格的な機関車製造会社である。工作課長の時から因縁浅からぬ関係にあった。

一九三五年、狭軌の南アフリカで特急列車の最高速度を時速一一三㎞に上げるために、一八二九㎜動輪径の四—六—二、16E形が登場したことは、日本の工作局のプライドにかなりの衝撃を与えた。そこで、これを上回る一八五〇㎜径動輪を付けた機関車が計画にのぼった。汽車会社は一九四〇年頃、島会長の提案で同社の製造番号二〇〇〇番の記念として、この高速機関車一両を国鉄に献上すると申し入れた。早風号の一五七五㎜径から、六七〇〇形で一六〇〇㎜径を、C51形で一七五〇㎜径を、さらにこの機関車で一八五〇㎜径を実現することになる。島のロマンを遺憾なく現している。

しかし一八五〇㎜にしても速度はたった六・三%しか向上せず、軸重が増える割には意味が薄いという。これは動輪径の差でしかない。この頃、世界の機関車の速度向上は動輪径の拡大ではなく回転数を上げることで達成する傾向になっていた。しかし国鉄の機関車は全て上限毎分三〇〇回転で設計されていて、速度向上はC51形になってから実現されてない。

なぜ三〇〇回転なのか。あの最後の輸入機郡の基本仕様として、島が参考としたプロイセンの実情である。まだ二〇世紀初頭の技術水準だった。その殻から抜け出せず進化させなかったのである。競争のない改革を嫌う役人社会で、技術革新に挑戦しない姿勢が招いたといえる。島の構想で生れたC51形は、その後ボイラこそ大型化したが、走行装置は基本的にそのまま最後のC62形まで継続されたのだ。島の意志にはかかわりなく、結果的に彼の脳裏に生れたイメージは最後まで変わらず生きていたといえる。日本の蒸気機関車は彼の掌から抜け出していない。

8 再度果せなかった広軌化

日本の大陸進出は満州国から、一九三七年には日中戦争に広がり、大陸との交流が飛躍的に高まると、東海道戦、山陽線は輸送の限界が見えてきた。そこで一九三八年に調査を開始し、翌年には「幹線調査会」が正式に発足した。詳細を煮詰めるため特別委員会が設けられ、鉄道有識者として汽車会社社会長にあった島が委員長に選ばれた。七月に始まった調査会は、早くも一一月に標準軌による別線（複線）計画がまとまった。在来線にかかわらず、良い線形で不要な市街地を避け、長距離の高速列車のための新線である。

一九四〇年から一五年間で東京〜下関間九八四・四㎞の路線を建設し、この間を九時間で快走する。一九一九年に広軌化の夢が破れて二〇年、再度のビッグチャンスでの到来である。土地の買収も半強制的に始まり、最も時間のかかる丹那トンネルの熱海口で一九四二年に着工式を行なった。

既に島としては機関車を計画することはなく、その夢は鷹取工場から中央に戻った息子の島秀雄に託された。しかし太平洋戦争の戦況は悪化の一途を辿り、資材も人員も枯渇し、世紀の計画も翌一九四三年には中止のやむなきにいたった。

さらに二〇年の歳月を経て、全く違った電車特急で実現するまで待たねばならない。

島安次郎は志を遂げられず敗戦の翌年、この世を去った。

第8章

関　一

◎

藤井秀登

1　商業教育の転換期と学生時代

関一は一八七三（明治六）年九月に現在の静岡県伊豆で誕生した。三歳の頃、家族とともに東京へ転居。一八八七（明治二〇）年九月に東京商業学校附属商工徒弟講習所別科へ入学した。三年後の一八九〇（明治二三）年に同科を卒業し、高等商業学校本科へ進学している。(1)

当時の高等商業学校では、商業教育における教育方針をめぐって大論争が巻き起こっていた。実用的な科目構成、すなわち卒業後直ちに商人として即戦略となる教育方針か、あるいは理論を中心とする教育科目を構成すべきかという、商業教育の根幹にかかわる議論が交わされていたのである。前者には、たとえば英語、簿記、商品、貿易実践、商業地理といった主に技術的能力の育成に重点を置く科目があげられ、後者には、経済学や法律学という抽象的な次元で体系性や論理性を涵養する科目が相当する。

優れた商人を世に送り出すことが商業学校の役割だとすれば、日常の実務に際しては、いわゆる実学と呼ばれる簿記や貿易実践のような科目が有用性を持っている。日常業務では、迅速かつ正確な事務処理能力が、さしあたり不可欠だからである。この考え方は、高等商業学校の校長である矢野二郎の教育方針でもあった。このため、「世間は一橋（＝高等商業学校、筆者）をして商業界に直ちに間に合う人間を養成する実務学校」と認識していた。[2] 教員もこうした方針に基づいて採用されていた。

一方、高等商業学校の社会的地位の向上を目指す動きも学内にあり、矢野校長と対峙する教育改革の推進力となっていった。つまり、理論的・学術的商業教育が必要だとして、学生が改革派を形成していたのである。関一もこうした改革派と軌を一にしていた。だが、矢野校長の教育方針は一貫して実学を重んじていた。そこで改革派は一八九一（明治二四）年一二月に試験を全員で欠席する強硬策に出た。これが契機となり、一八九三（明治二六）年四月に矢野校長は罷免へと追い込まれるのであった。この結果、約一八年間にわたって続いた矢野校長の実学を重んじる商業教育の時代に、終止符が打たれた。

関　一
財団法人大阪都市工学情報センター所蔵

矢野校長が罷免された翌日になると、東京帝国大学法科大学教授の和田垣謙三が高等商業学校の臨時校長事務取扱として就任している。その二カ月後には、文部省参事官の由布武三郎が高等商業学校の校長に着任した。由布校長のもと、一八九三（明治二六）年一一月に関一は高等商業学校を卒業するのであった。[3] なお、関一は卒業生総代であり、国家の基礎を商業に求める内容の答辞を朗読している。この背景には、日清戦争を目前にひかえた帝国主義の時代、つまり日本資本主義の発展を看過することはできない。

2 就職・転職と欧州への留学

卒業後、関一はただちに大蔵省判任官見習いとなり、同省監査局銀行課および同省官房第三課銀行掛に勤務した。しかし、一八九四（明治二七）年八月末にわずか一年の勤務で大蔵省を退職し、翌月には兵庫県立神戸商業学校に教員として転職している。一八九六（明治二九）年一〇月には、新潟市立商業学校へ教員兼校長として生徒数二〇〇名を超える学校の長に抜擢され赴任した。短期間に転職と勤務先の変更を繰り返したことは、やや奇異な感じがする。しかし、これは外面上のことであり、関一の内面においては明確な軸があったともいえる。それは役人気質だけでなく、教育者としての資質を兼ね備えていたということである。ゆえに関一にとって、学校長ないし管理者であると同時に、教鞭をとる立場は適職に相違なかったと考えられる。

だが、ここも約一年で離職し、一八九七（明治三〇）年一一月に母校である高等商業学校の教授に就任するのであった。これは高等商業学校の教育水準を高めるために、自校出身の少壮学徒を専任の教授に任命し欧米に留学させ、もって教員の養成と充実をはかろうとする、小山健三高等商業学校校長の戦略であった。[4] 関一はその任を遂行するために、母校へ戻ったのである。学生時代に理論的・学術的商業教育を掲げて改革運動に加担していた関一にとって、この任は打ってつけだったといえる。担当科目は、本科の簿記と商業実践の中の鉄道論、および予科の簿記であった。なお、一八九八（明治三一）年一月に、関一が早くも初の著書『商業経済大意』（同文館）を刊行したことには驚かされる。[5]

母校に戻って間もない一八九八（明治三一）年八月に、関一は初期の目的、すなわち高等商業学校の教育の質を向上させるために、ベルギー留学へ出発した。高等商業学校における担当科目が鉄道論ということから、鉄道論と交通学の研究が彼に課せられていた。そもそも商業にとって、人や物の場所的移動を伴う交換行為は必須事項であること、またそうした場所的移動を実際に行なう鉄道網がわが国で形成されつつあったことも、研究課題の理由としてあげられよう。いずれにしても、近代的な交通手段が発達している欧州において、鉄道論と交通学の理論的・学術的な研究に携わることは、当然であったといえる。各国の多様な鉄道政策・交通政策や鉄道制度・交通制度を比較でき、わが国への参考となるからである。

アントワープとブリュッセルに一年ずつ滞在した後、関一は留学生活の最後の一年をベルリン大学での学究生活に求めた。ベルリン大学では鉄道論や交通学に関する講義を受講している。特に、ドイツ社会政策学の中間派といわれるグスタフ・シュモラー（Gustav von Schmoller）の近代交通の発展、労働法、経済学や労働問題の講義を受講した点に注目すべきである。(6) 帰国後の研究内容と大阪市助役・市長時代の研究・行政に関連するからである。また、こうした学究生活に加え、同時期に欧州へ留学していた高等商業学校の同僚七名とも交流し、商業教育・商業研究に関して議論もしていた。これは一九〇一（明治三四）年二月に「商科大学設立ノ必要」と題する文書としてまとめられ、その内容が明らかにされた。すなわち、ベルギー、フランス、ドイツ、スイス、オーストリア、イタリア各国で商科大学の設立準備が進んでいる状況を踏まえ、わが国にも商科大学を急いで設立することを唱えた内容であり、ベルリン宣言とも呼ばれた。(7)

3　交通論の本格的な研究・教育活動

一九〇一（明治三四）年一一月に留学を終えて帰国した関一は、本格的な研究・教育活動を開始した。本科では商業実践の中の鉄道論と経済学を担当した。(8) 一九〇二（明治三五）年からは東京高等商業学校専攻部で交通科（専修科目）と経済学を、一九〇五（明治三八）年からはそれらに加えて工業政策を担当している。(9) こうした教育活動と平行して、関一は教科書を相次いで著していく。一九〇三（明治三六）年三月に『商業経済政策』（大倉書店）、一九〇四（明治三七）年二月に『商業経済綱領』（同文館）、一九〇五（明治三八）年一〇月に『鉄道講義要領』（同文館）を刊行している。以下では、

『商業経済綱領』と『鉄道講義要領』の内容を順に概括することで、研究・教育活動の一端を紹介していく。

第一に、関一が考える商業と交通を『商業経済綱領』から見ていきたい。まず、商業は「広義に解釈すれば、農工業と対立し、天然物の占取又は変化に依らずして、財の流通に依り、生産者と消費者との間に、適合を計る一切の企業を総括す。故に、広義の商業は、狭義の商業の外、銀行業・保険業・交通業・倉庫業を含むものなり。」とされている[10]。これは、同書の目次に反映されている。

第一編　商業総論
第二編　内国商業
第三編　外国貿易
第四編　銀行
第五編　保険
第六編　交通

すなわち、今日流にいえば、財やサービスの流通に関して、その生産者と消費者との整合性をはかる企業が広義の商業であり、これは第一編の商業総論に相当する。そして国内における販売・市場論、貿易論、銀行論、保険論、および交通論という狭義の商業が、第二編以下で論じられている。ただし、狭義の商業と交通業は厳密な意味において一致している訳ではないとする。関一によると、「商業と交通業とは、其活動の方法を異にし、商業は需要供給者間の適合を指導し、交通業は距りたる人又は物を連絡して適合を計る差あり。然れども、是等の各業が生産消費者又は需要供給者間の適合を計る」とされている。[11] 換言すると、商業は財やサービスの所有権を交換することで需給間の調整を、交通業は人や物の場所的移動を克服することで需給間の調整を各々行なっている。つまり、需給調整の具体的な方法に相違がある一方で、商業と交通業における需給調整という機能は共通すると関一は認識していたといえる。

続いて、『商業経済綱領』で示された交通を見てみよう。

第六編　交通

第三五章　交通の発達
第三六章　交通の概念及び交通と国民経済との関係
第三七章　交通の分類
第三八章　交通方法の経済上の特質
第三九章　交通業の組織及び経営

第四〇章　運賃
第四一章　水運
第四二章　陸運
第四三章　通信

第三五章から第三七章までは交通の総論に、第三八章から第四〇章までは交通経済・交通経営に、そして第四一章から第四三章は各論に相当するであろう。その内容はいずれもドイツ歴史学派経済学に依拠しており、交通に関しては国民経済の発展に寄与するという視角から論じられていた。ここから、同書では単なる技術教育ないし実務教育というよりも、むしろ理論的・学術的商業教育が重視されていると判断できる。

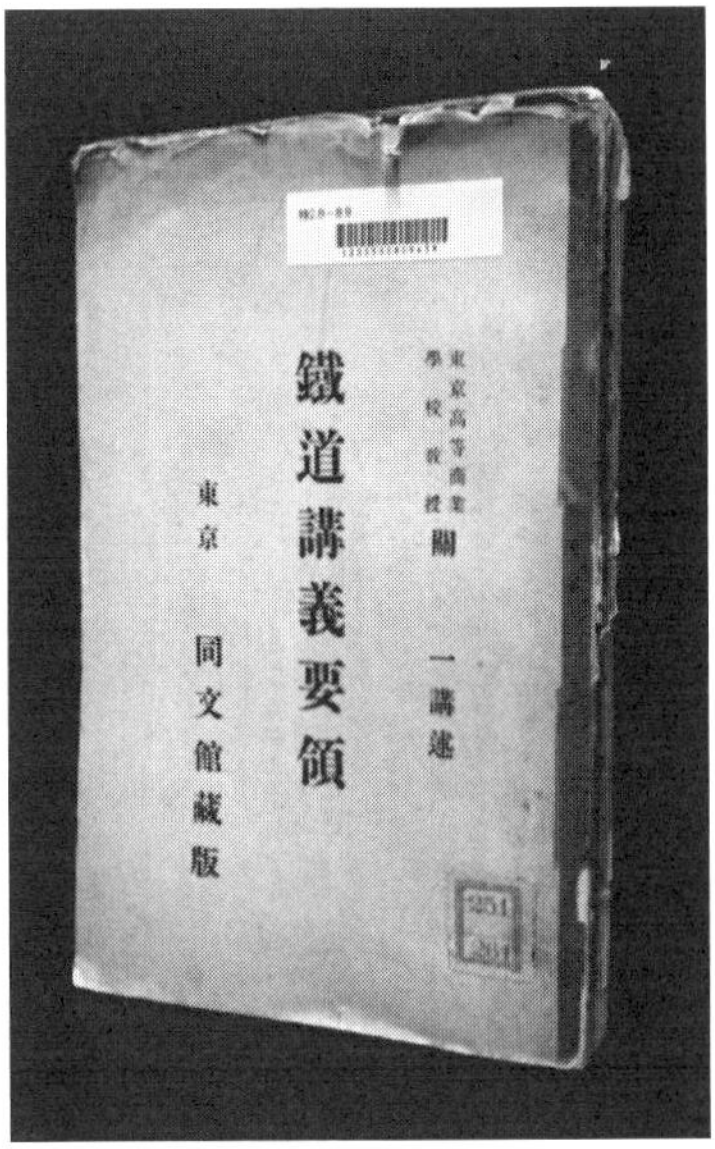

鉄道講義要領　国立国会図書館所蔵

第二に、鉄道という交通手段に限定されているが、関一による交通の単著である『鉄道講義要領』を見ていきたい。同書は「学生をして鉄道経営の大要に通暁せしむる」と同時に、「講述科目の範囲の広きと授業時間の制限ある」ことを補完するために記されたものである。[12] そこで、以下に同書の目次を示す。

第四章　運賃

附録　鉄道運賃同盟に就て

目次構成からわかるように、同書は鉄道の歴史とその経済的意義を含む総論、および鉄道政策を考察した後、鉄道の経営に関して詳しく論じている。ここから、個々の鉄道事業者を個別の経営的側面から認識するだけでは不十分であること、同時に国民経済に依拠する政策論的側面からも認識する必要があること、以上二点が読み取れる。つまり、鉄道を認識するためには、経営学的視点と国民経済的視点の両者を包含する政策論的視点が不可欠なことが理解できる。また参考文献を見ると、新古典派経済学とドイツ歴史学派経済学の両者を使用していることがわかる[13]。前者は効率性を、後者は公共性をそれぞれ基軸としていることから、結局、異なる価値観を持つ複眼的視点が鉄道政策には必要だと関一は認識していたといえる。なお、第一編の第三章では、鉄道の発達が社会に及ぼす影響を考察しており、そこで社会学的ないし社会政策的視点がとられている点を付言しておく[14]。

4　大阪市助役への転身

『鉄道講義要領』を刊行した後、関一の学問的関心は交通から徐々に社会政策へと推移していった。

留学時代にドイツ社会政策学に関心を持っていたことを勘案すれば、何ら不思議はない。たとえば、一九一〇（明治四三）年に専攻部を卒業した門下生の松崎寿は、「関先生の鉄道論に対する興味は次第に薄らいで行かれたもの丶如く私の専攻部を卒業する時分には主として工業政策、社会政策の研究に熱中して居られたらしい」と述べている。[15] この回顧談通り、一九一〇（明治四三）年三月に関一は『労働者保護法論』（隆文館）を刊行している。なお、同書は博士会によって推薦され、関一は同年一一月に法学博士の学位を授与された。関一にとって記念すべき著書といえる。

こうした学問の変遷の一方、ベルリン宣言の起草者たちとともに商業大学への昇格実現に向けて、関一は学内外に働きかけていた。この結果、一九〇七（明治四〇）年二月に「商科大学設置建議案」が衆議院と貴族院を通過している。だが、一九〇八（明治四一）年七月になると、文部省は東京帝国大学法科大学の傘下に経済科を設置することで商科大学を具現化しようとしたため、東京高等商業学校は反発した。それにもかかわらず、文部省は一九〇九（明治四二）年に東京帝国大学法科大学に商科の設置を諮問している。これを受けて、同年四月に商科設置を東京帝国大学法科大学は認めた。翌月になると、文部省は東京高等商業学校の専攻部廃止を決定した。ただちに東京高等商業学校の在学生と同窓会は、東京帝国法科大学と文部省の決定に対して、学生一三〇〇名の総退学を学生大会で決議するという抗議運動を展開した。[16] 最終的に専攻部は温存されることとなったが、大学昇格運動は冷却し、東京高等商業学校内には沈滞した雰囲気が漂っていった。なお、一九〇八年から東京高等商業学校をゆるがせた一連の出来事は申酉《しんゆう》事件と呼ばれている。

商業大学への昇格が頓挫したことに加え、ベルリン宣言の起草者のひとりが大阪の三十四銀行に転職しこれを羨望していたところへ、大阪市助役への就任要請が関一に降ってわいてきたのである。これは助役を学者に求めて、池上四郎大阪市長が京都帝国大学の戸田海一博士に相談したことに端を発していた。戸田博士が、「全日本の学者で、池上君の希望に添う者は関君以外になし」と回答したからである。(17) なお、戸田博士は社会政策を専門としており、社会政策学会を介して関一と接点があった人物である。この件は、大阪の三十四銀行の頭取を務めている、元高等商業学校校長で理論的・学術的商業教育への改革を率先していた小山健三を通じて、関一に持ちこまれた。自身の置かれた状況に納得がいかなかったゆえであろうか、関一は一九一四(大正三)年七月に大阪市助役へ転身するのであった。

5　大阪市営地下鉄の創設

助役を三期務めた後、関一は一九二三(大正一二)年一一月に市会から満場一致で第七代大阪市長に推薦され、その職に就任した。ところで、関一の助役時代に相当する第一次世界大戦後における大阪市では、人口が急速に増大しつつあった。たとえば、第一次世界大戦が勃発した一九一四(大正三）年と比べて、一九一九（大正八）年には大阪市の工場数は約二倍に、工場労働者数は約二・五倍に、生産額は約四倍に増加していた。[18]また、大阪市とこれに隣接する西成郡や東成郡の人口の推移を見ると、一九一四年と比べた一九一九年における大阪市の人口は約一・一倍に、西成郡のそれは約一・五倍に、東成郡のそれは約一・四倍に増加していた。[19]つまり、大阪市よりも市の周辺に位置する西成郡や東成郡の人口の伸びが大きかったのである。

周辺部の人口が急増した結果、こうした地域を大阪市に合併すること、すなわち大阪市の行政区域を拡大することが市当局と住民の間で検討され始めてきた。関一は、「大阪の如き、既に百万以上の人口を有する大都市に在りては、速に郊外町村を編入して、都市計画区域の全体を包含する特別市制を布きて、都市計画執行の任に当たらしむると共に建築監督の権能をも与ふることが、都市改善の第一着手である」とし、市域の拡張を認めていた。[20]そして市域拡張の根拠に、「（一）公衆衛生上、社会政策上の必要（二）経済上、交通上の必要」をあげていた。[21]こうした政策は都市化によって生じた都市部の地価と家賃の高騰から、市内で生活する労働者が満足のいく住宅事情を享受できなくなった、住宅問題の発生に起因していた。要は、住宅問題の解決策が市域拡張であり、これは社会改良・都市社会政策の一環として位置づけられる。

関一が助役であった一九二〇（大正九）年二月に、大阪市は帝国鉄道協会と土木学会に大阪市高速鉄道路線網に関する調査を依頼している。大阪市から受託を受けた両団体

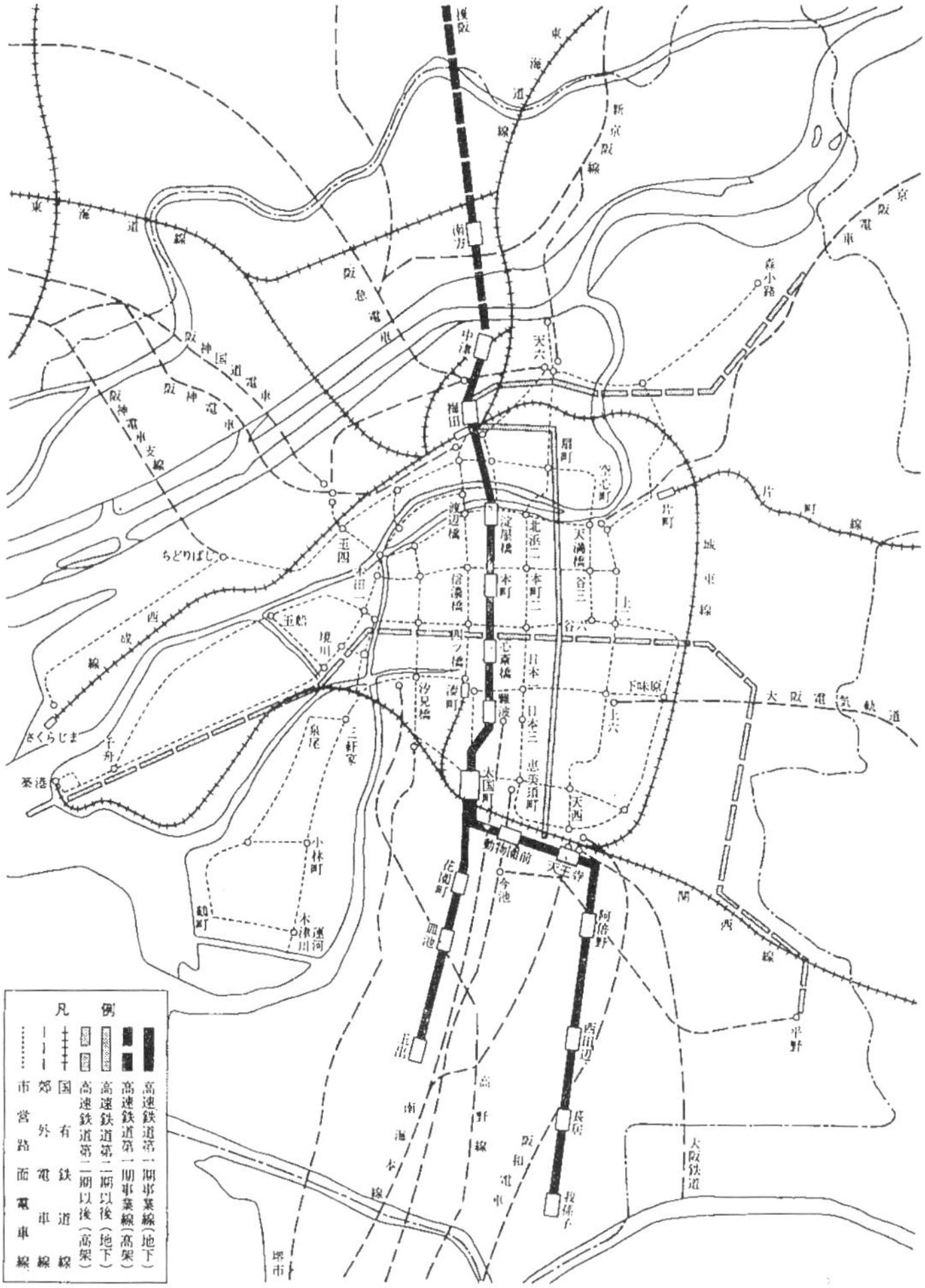

計画路線図

『大阪市交通局七十五年史』1980年より

は、大阪市内外高速度鉄道調査会を設立し、一九二四（大正一三）年一〇月に大阪市高速鉄道網調査の報告書をまとめた。同報告書を基に、大阪市は一九二五（大正一四）年一〇月に大阪市高速度交通機関協議会を開催して、第一・第二・第三および第四号線からなる路線を選定した。なお、こうした動きと連動して、関一市長は一九二五年四月に大阪市の第二次市域拡張を実施している。

一九二六（大正一五）年三月になると、高速度交通機関敷設の案件が市会で認められた。さらに大阪市の高速度交通機関の路線網は、都市計画法による内閣の許可を受け、四路線五四・四八kmからなる計画路線が同月に確定した。[22] ただし計画路線は郊外において耕地を宅地化する考え方をとっていたために、なぜ収益があがる路線から優先して建設しないのかと、後の市会での予算折衝の際に議員から疑義が呈されることもあった。これに対する関一の回答は、「鉄道は他方に於て都市の交通機関として密集住居の悪結果を除去するの効も甚大なり」であった。ゆえに、郊外の宅地開発効果を随伴する点に計画路線の意図があったことを確認できる。[23]

ところで、わが国で初めての地下鉄は、一九二七（昭和二）年一二月末に開業した東京地下鉄道株式会社であった。開業区間は上野〜浅草間の二・二kmであり、現在の東京地下鉄株式会社（東京メトロ）・銀座線の同区間に相当する。なお、東京地下鉄道株式会社は、専務取締役の早川徳次らによって創設された会社であった。この先行事業を視察するため、関一は一九二六（大正一五）年四月に工事現場に赴いている。同日の日記に、「午前十時半旅宿立出デ十一時浅草駒形橋着　東京地下鉄道野村社長早川取締役ノ案内ニテ浅草上野間ノ工事ヲ視察　土砂ノ運搬地下埋設物ノ整理等大ニ参考トスベキモノアリ　正午精養軒ニ至リ午餐饗応ヲ受ケ」と記している通り、少なくともこの視察から学ぶべき点があったと推し量れる。[24]

同年一二月になると、関一は「大阪市の交通機関」という論文を記している。[25] すなわち、大阪市においては、高速度交通機関として中心部で地下鉄を導入すること、その財源として受益者負担の原則を適用すること、地下鉄の経営を市営主義とすること、路面電車・バス・タクシーといった同種・異種交通手段と地下鉄との競争関係を考慮すること、および均一制ないし区間制のいずれかの運賃制度を地下鉄に適用すること、が論じられていた。[26]

地下鉄開通式の関市長
財団法人大阪都市工学情報センター所蔵

前述のように、大阪市の高速度交通機関は都市計画法に基づき建設されることとなっていた。このため財源を起債に加えて受益者負担に求めることができた。そこで、関一は駅周辺の地主から開発利益を還元してもらうこと、つまり受益者負担の原則を根拠に、地下鉄の建設工事と同時に行なわれた御堂筋の拡張工事の財源の一部に、この負担金を充当した。そして、地下鉄は市民の福利増進あるいは社会政策の一環であると位置づけ、その経営形態を市営とした。いずれにしても、ここには社会改良主義という、関一のドイツ留学時代の師の一人であるグスタフ・シュモラーの影響がうかがえる。社会改良主義とは、労働者の自助を基軸にしながら住宅問題のような社会問題に国家や公的主体が介入する修正資本主義のことであり、ドイツの社会政策学会で論じられていた思想である。

最終的に地下鉄の路線網は一九二八（昭和三）年九月の市会で可決され、都市計画の第一歩が踏み出された。一九三〇（昭和五）年一月末、第一号線の建設工事への鍬入れが大阪市平野町御堂筋の一角において関一らによって行なわれた。河川の下を通る箇所は難工事で、梅田・心斎橋間の三・〇kmという地下鉄路線の一部が開業するまでに、約三年半の月日を要した[27]。開業日は一九三三（昭和八）年五月二〇日であった。同日の日記に関一は、「十時ヨリ高速開通式ヲ淀屋橋南詰広路ニテ挙行　来賓千八百名　盛会ナリ　夕堺卯ニテ師団長知事其他ヲ招キ高速開通式披露宴ヲ開ク」と記している[28]。当日は大阪市電創業三〇周年記念も兼ね、花電車六台が市内を走った。関一をはじめ、地下鉄の創業にかかわった人びとは、この日、二重の喜びを感じたに違いない。

※本稿は、拙著『交通論の祖型――関一研究――』八朔社、二〇〇〇年に一部加筆を加え、まとめ直したものである。

注

（1）高等商業学校とは、東京商業学校の名称が一八八七（明治二〇）年一〇月に改称されたものである。
（2）酒井龍男編『一橋五十年史』東京商科大学一橋会、一九二五年、二四頁。
（3）一八九三（明治二六）年七月に関一は卒業仮証書を授与され、翌月から大蔵省に勤務していた。
（4）一八九五（明治二八）年八月に、高等商業学校の校長は由布武三郎から文部省秘書官の小山健三へと交代していた。小山校長は高等商業学校をより高度な商業教育機関へ発展させようと、同校に専攻部を設置した人物である。高等商業学校校長の就任は小山が三八歳の時であった。その後、一八九八（明治三一）年五月に文部次官に着任。同職を約二カ月で退任後、翌年に大阪の三十四銀行頭取に就任した。
（5）『商業経済大意』は教科書として刊行された。その目次は、第一編　一般の商業、第二編　外国貿易、第三編　貨幣、第四編　銀行、第五編　外国為替、第六編　恐慌、第七編　運送制度、であった。全体の叙述は、交通を重視していたドイツ前期歴史学派経済学に分類されるウィルヘルム・ロッシャー（Wilhelm G. F. Roscher）の『商工経済論（Nationaloekonomik des Handles und Gewerbfleisses）』第一編の商業に依拠していた。各編に関しては、主に欧米の文献を数冊ずつ参考としながらその内容がまとめられている。
（6）グスタフ・シュモラーの詳細については、田村信一『グスタフ・シュモラー研究』御茶ノ水書房、一九九三年を参照されたい。
（7）一橋大学学園史刊行委員会編『一橋大学学制史資料』第二巻、一九八二年、二〇二～二〇七頁。
（8）商業実践は一九〇三（明治三六）年に商業学へと名称変更される。

(9) 神戸に高等商業学校が設立されたことから、一九〇二(明治三五)年三月に高等商業学校は東京高等商業学校へと校名を改称した。
(10) 関一『商業経済綱領』同文館、一九〇四年、一頁。
(11) 同前、五～六頁。
(12) 関一『鉄道講義要領』同文館、一九〇五年、序一頁。
(13) 同前、四～八頁。
(14) 同前、五七～五九頁。この視点は大阪市営地下鉄の創設に反映されていく。
(15) 松崎寿「恩師関先生を偲ぶ」『大大阪』(大阪都市協会)第一一巻第二号、一九三五年二月、三三頁。
(16) 東京、横浜、大阪、京都、および神戸の商業会議所、渋沢栄一らの学校商議員、父兄保証人会代表による説得を受けて、退学した学生は約二週間後に復学している。
(17) 松崎、前掲「恩師関先生を偲ぶ」一〇頁、一二頁。
(18) 大阪商工会議所『大阪市内工業統計(昭和一三年度)』大阪商工会議所、一九三九年、一～二頁。
(19) 大阪市役所『拾周年記念　大阪市域拡張誌』一九三五年、四八～四九頁。
(20) 関一『住宅問題と都市計画』弘文堂書房、一九二三年、一三一頁。
(21) 同前、三六三頁。
(22) 大阪市の高速度交通機関は、都市計画法によりその計画と事業が定められ、都市計画事業の一環として工事が進められていった。

(23) 前掲『鉄道講義要領』五八～五九頁。なお、この点は二年後に加筆され、「鉄道は他方に於て都市の交通機関として密集住居の悪結果を除去するの効も甚著しく市街鉄道並近郊運輸の如きは都市住民の分散(Suburbaniring of town Population)を惹起」すると一段と明確に記されている(関一『鉄道講義要領(増補三版)』同文館、一九〇七年、八三頁)。

(24) 関一研究会編『関一日記』東京大学出版会、一九八六年、五九四頁。

(25) 関一「大阪市の交通機関」『大大阪』(大阪都市協会)第二巻第一二号、一九二六年一二月、一二～一三頁。

(26) 当時の高速度交通機関の認識は、都心部は地下式を郊外は高架式を採用し、両者を適所に配置しながら路線網を形成するというものであった(安倍邦衛「東京市の高速交通機関としての高架鉄道と地下鉄道との選択」『都市問題』(東京市政調査会)第一巻第四号、一九二五年八月、二九頁)。

(27) その間に投じられた工事費用は約一五〇〇万円、作業員数は約六〇万人であった。運賃は同年九月三〇日までは全線一区であったため、一〇銭均一であった。

(28) 前掲『関一日記』八一頁。

第9章

小林一三

◎

西藤二郎

1　小林一三の生い立ち

小林一三は一八七三（明治六）年一月三日、山科県巨摩郡韮崎町（現韮崎市）にある「布屋」という酒造業と絹問屋を営む豪商の長男に生まれた。生まれた日に因んで一三と名づけられた。一三の母は彼を生んだ年の八月に、一三と幼い姉のふたりを残して病死した。養子であった父親は、間もなく離縁して実家に戻っている。このため幼子のふたりは本家の大叔父一家に引き取られて育てられた。一三の母親も幼少の折に父母と死別して本家で養育されているため、一三は晩年、過去帳に「ココニ、二代ノ孤児本家ニ養ハル(1)」と書き入れているが、自らを「孤児」とか「居候」と自嘲的に語る姿勢と、「家庭第一主義」を唱えることとが、どこかでつながっているようである。

さて一三は一八八八年に慶応義塾に入学している。文才はこの時から既にあったと見え、地元の「山梨日日新聞」に小説を連載するほどの文学青年で、ゆくゆくは都新聞への入社を希望していた。それがあってか、卒業しても進路を定めなかったが、慶応義塾でも文学の世界においても大先輩であり、三井銀行にいた高橋義男の強い勧めで三井銀行に入った。しかし銀行員の生活は面白くもなく、あいかわらず文学青年との交流にふけるという生活であった。

そんな小林にその後の人生を変える巡り会わせがあった。一八九五年、大阪支店長の高橋の後に赴任してきた岩下清周《きよちか》との出会いである。彼は三井改革の一環として、中上川彦次郎の誘いで三井銀行に移ってきた人物であるが、積極果敢な姿勢に支店は一変した。当時の銀行が預金の扱い・商業手形の割引・担保を取った貸付という商業金融が中心であったのに、岩下はこれはと思う事業には積極的に投資をする、いわば投資銀行的な機能を目指した。

中上川は経営の近代化を急いでいたものの、岩下の独断的な融資には困惑した。そのため、岩下が着任してわずか一年後の九月、横浜支店に転勤を命じた。しかし岩下はこれを拒否、三井銀行を辞して株式取引所の機関銀行としての性格を持つ北浜銀行の創設にとりかかった。

小林は、ハラハラしながらも岩下の考え方に共鳴し、岩下のまわりに集まる人脈と交流をもっていった。飯田義一（当時三井物産大阪支店長）や野田卯太郎（当時三池紡績社長）であり、彼らが後の彼のサポータとなる人であった。名古屋支店から東京本店へと転勤するものの、所をえず、「耐えがたき憂鬱の時代[2]」を過ごした。

小林一三

京阪神急行電鉄株式会社編『京阪神急行電鉄五十年史』1959年より

進退を真剣に考え始めていた一九〇六年、小林は三井物産の飯田義一から連絡を受けた。それは岩下が大阪の株式仲買の島徳蔵の店を買って公債や社債の引受募集、有価証券の売買をする、今日でいう証券会社をつくるというもので、その支配人への抜擢の話であった。時や良し、翌年一月には三井銀行を退職し、一家をあげて大阪での第一歩を踏み出した。

ところが到着のその日より、[3]日露戦後の反動暴落が始まり、新会社設立計画は霧散してしまった。一月、二月と浪人生活をし、暗澹たる気持ちであったが、三月になって岩下から、阪鶴鉄道会社の監査役就任への推薦の話が舞い込んできた。というのは、阪鶴鉄道は、三井物産が大株主であった関係で飯田が同鉄道の取締役に就任していたが、その在任期間が切れるのにともなって、後任の監査役ポストに小林を据えるという話である。小林はこれを引き受けた。これが小林の鉄道事業に携わるきっかけとなったのである。そこで本稿では、阪急グループの原型ができるまでの段階に焦点を当ててみよう。

2　企業家としての決意

ところでこの阪鶴鉄道というのは、大阪から宝塚を経て軍港の町である舞鶴にまで達する現在のJR福知山線に当たるが、一九〇六年、鉄道国有法によって国有化されることになっていた。同社はその支線として大阪梅田から箕面～有馬間、および宝塚～西宮間に「箕面有馬電気軌道」(資本金五五〇万円)の認可を持っており、発起人会を開いた直後であった。当時は日露戦争の熱狂時代であったからプレミアムがつくほどであったが、小林が阪鶴鉄道に着任した一月には株式の反動暴落が始まった。したがって小林の仕事といえば、阪鶴鉄道の精算事務と同時に頓挫してしまった新会社の設立事務となった。

箕面有馬電気軌道（以下箕面有馬電軌と略称）の資本金第一回払い込みのうち、約半分の申込人が棄権するという事態になると、重役の間では解散か設立かが議論の焦点となった。議論を耳にしているうちに、小林にひとつの構想が浮かんできた。それを企業家精神に昇華させたのが、岩下である。[4]そういう時期、小林は二度ほどその路線の実地踏査をして起業計画を練り上げた。そして岩下を訪問して「私にこの仕事をやらせていただけませんか」とお願いしたところ、岩下は君も三井を飛び出して独立したのであるから、「自分一生の仕事として責任を持ってやって見せるという決心が必要だ」[5]と、小林に企業家としての強い決意を促している。

小林は覚悟を決めた。そして甲州財閥のお歴々を片っ端から訪ねて援助を頼み、五万四〇〇〇株の未引受株のうち一万株近くを引き受けてもらい、あとは岩下の北浜銀行に引き受けてもらった。そして、万一会社設立に失敗、解散した際の損失を全部一身で弁済することを条件にして、新会社運営の全権を自分にしてほしいという契約書を居並ぶ重役と交わしたのである。こうして、一九〇七年六月三〇日に開かれた発起人会で、小林が全権を担った追加発起人となり、一〇月の創立総会で専務取締役となった。

大胆な契約を結ぶ背景には、小林にはひとつの目論見があった。沿線には住宅地として理想的な住宅地が沢山あるが、住宅地経営を副業とすれば、電車がもうからなくとも、この点で株主を安心させられる。ただ問題は何十万坪というような土地が、計画通り買収できるかどうかという点であるが、沿線の人びとは「土地を買ってもきっと投げ出すに決まっているという風に馬鹿にしているから、うまくゆくかも知れない」[6]というものである。

したがって「相談づくでゆく」というような方法では事ごとに機会を失する。そのためにも一切の事務を「驚くべき真剣さと迅速さ」[7]で専行する必要があった。創立総会においても、取締役[8]には北浜銀行関係者を重役に並べ、社長となるべき岩下清周の名前は表面には出さないように社長を空席とし、いかにも世間からはこの電鉄は設立がおぼつかないと思われるように仕向けたのである。

さらに急がなければならない理由は外部事情にもあった。それはこの時期、関西では京阪電気鉄道が創立、神戸電車（神戸市内電車）、兵庫電気軌道（現・山陽電鉄）、奈良電気鉄道（後、大阪電気軌道）、南海鉄道の電化が計画されていただけではなく、阪神電気鉄道では既に一九〇五年四月に営業を開始していた。しかも、もし箕面有馬電軌の棄権株を、岩下清周の配下であり、かつ阪神電鉄重役である島徳蔵や今西林三郎らが引き受ければ、ゆくゆくは箕面有馬電軌が阪神電鉄に吸収されるのではないかという懸念があったからである。

3 事業展開における革新性

住宅地経営は乗客培養の長期的戦略というよりは、むしろ短期的に収益を上げるための事業としなければならなかった。それであるだけに一気呵成に、それでいて綿密な仕掛けが必要とされた。そのひとつが大阪市内に配布した「最も有望なる電車」（一九〇八年一〇月）というパンフレットである。これは小林自らが書いた問答形式で会社の事業内容を説明するものである。その内容は建設費の予算、資金調達の方法、工事の内容、収支予算、住宅地の経営、遊園地の真価、適当なる住宅地、阪神・京阪両電鉄連絡線について説明するもので、投資家向け情報の提供といえる。これは企業PR冊子の先駆けとして珍しがられた。

続いて第二弾の広告『如何なる土地を選ぶべきか、如何なる家屋にすむべきか（住宅地御案内）』（一九〇九年秋）を発行した。これは箕面有馬電軌の土地経営、住宅経営を「模範的郊外生活、池田新市街地」の場合をとりあげて説明しており、消費者向け情報とでもいえよう。中でも注目されるのが、一区画一〇〇坪の土地に二〇〜三〇坪の二階建ての家屋および庭園一式が二五〇〇〜三〇〇〇円の価格であり、二割の頭金で残金を一〇年の年賦とし、一カ月二四円支払えば所有移転するというローン方式を打ち出していることである。

これは予想以上にうまくいき、売り出すとほとんどが売れたので、順次、豊中、桜井にも同様の

駅	場所	面積（坪）1908年9月
梅田	梅田	880
服部	服部天神付近	15,600
曽根	曽根付近	33,700
岡町・豊中	岡町付近	64,700
蛍ヶ池	麻田付近	12,640
桜井	分岐点付近	27,900
箕面	箕面公園付近	61,920
池田	池田新住宅地付近	33,020
中山	中山及米谷梅林付近	11,900
合計	坪数	262,260
	取得金額（円）	338,354

表1　箕面有馬の土地買収経過
出典：京阪神急行電鉄株式会社編『京阪神急行電鉄五十年史』1959年および箕面有馬電気軌道株式会社『第4回報告書』

住宅地を開発している（表1）。その背景には次のような事情の中での戦術があった。当時、日清戦争後の大阪市は東洋のマンチェスターといわれるほどの一大工業地帯となっており、人口膨張は著しく、それに伴って中産階級とみなされる新しい労働者が発生した時期である。こうした人びとの急増は、都市生活の密集化を加速させた。それだけに大阪は「空暗き煙の都」と化してしまっており、都市から郊外への脱出というひとつの願望が漂っていた。これが「土地熱」(9)を引き起こすことになった。

郊外を求める動きは、明治から大正にかけてまず上流階層の別荘地として始まり、大阪南部や神戸の住吉・御影がその代表例であったのに対して、小林は中流層にその焦点を当てている。「郊外に居住し日々市内に出でて終日の勤務に脳漿を絞り、疲労したる身体を其の家庭に慰安せんとせらるる諸君」と呼びかける階層がそのターゲットである。そして彼らに対して「模範的郊外生活・池田新市街」としての住宅のモデルを示し、一〇年ローン方式の住宅購買方法を提唱することによって、これを可能にする労働者層、すなわち「俸給生活者、月給取、勤め人など、(中略)の知識階級[10]」へとおのずと絞っている。そのように、いわゆる中産階級の台頭を明確に意識した中で事業展開を行っているのである。

しかも理想的家屋とは、富豪層の没趣味的な邸宅は論外として、棟割長屋的な不愉快なるものでもないとして、暗に阪神電鉄が西宮停留所前に建設した棟割長屋[11]の借家を指して、それとの比較をしながら呼びかけを行なっており、当面の対抗相手を阪神電鉄としていることは注目されなければならない。

さらに、単に郊外住宅という地理的・物理的空間を提供することを目論んだのではなく、家屋には庭園、分譲地域には娯楽機関としての倶楽部があり玉突き台があり、会社直営の購買部が備わっている機能的空間の提供として捉えている。ただし、これらは失敗に終わったのであるが、住宅地を「慰楽」「家庭の和楽」をもたらすものとして、機能的に捉える姿勢は、後の宝塚少女歌劇や百貨店の経営にもつながっている。

このように明確な意図[12]で作り出された郊外住宅の池田室町分譲地であればこそ、後年、「古い池田の町とは電車で隔てられているだけではなくくらし方がまるきり違った、線路からあちらといえば知識階級で子供さんの格好もスキーッとしていました[13]」という新しい街を形成することになったと考えられる。

4　創業段階の事業展開

好調なスタートをきった箕面有馬電軌は、一九〇八年一〇月、岩下清周を社長に迎え、体制を整えた。一方、既に営業を開始している阪神電鉄では大阪市内への乗り入れ策を展開し、梅田～大江橋間の仮線での営業を開始して、乗客数も着実に伸ばしていた。それであるだけに箕面有馬電軌としても路線拡充は最重要課題であり、大阪梅田から野江までの京阪連絡線は京都に進出するためには是非とも必要であった。そのため大阪市内通過の特許に際して、親友の松永安左エ門に大阪政界での協力依頼をするなどあらゆる手段に訴えた。その結果、一九〇九年八月、大阪市の同意も取り付けた。しかし大阪市と野江線の契約にあたって収賄疑惑が生じ、松永・小林が拘禁されるという事態にまで進展した。結果的に両者は不起訴となったが、小林は責任を取って専務をおりている。しかし本線の工事は急がなければならない。軌道工事を急いだ結果、一九一〇年二月二二日、梅田～宝塚間および石橋～箕面間が竣工し、三月一〇日、予定よりも早く、また先発の他社よりも早く開通させることができた。

開通直後の滑り出しは好調であったが、あらゆる方法で収入増をはからなければならず、小林はつぎつぎにアイディアを展開した。今でいう町おこし策である。箕面動物園の開設（一九一〇年一一月）、宝塚新温泉の営業を開始（一九一一年五月）、宝塚新温泉内にパラダイス新設（一九一二年七月）、宝塚唱歌隊を組織（一九一三年七月）、少女歌劇上演（一九一四年四月）などの新しい仕掛けである。このうち動物園は廃止に追い込まれるがその他のものは成功し、箕面有馬電軌の沿線イメージを高めるのに大いに貢献した。

もちろんそのために、設備や催しには、時代を先取りする用意周到な仕掛けが施された。建物は白亜洋館づくり、広間にはシャンデリア、浴槽は大理石などの仕掛けにより、非常な人気を集めた。その一方で、新温泉での余興にはことのほか力を入れた。一九一三年頃、少年音楽隊というのが流行っていたのにヒントを得て、小林は良家の少女による唱歌隊を作った。これであれば人件費は安く上がる。しかし指導は超一流による本格的なものとすること、催し物のターゲットとしては婦人や子供に置き、家庭娯楽のイベントとして行なっている。そしてその盛況振りが新聞に報道されると、雑誌・新聞社と共催するなどメディアの力を存分に利用しながら展開している点は注目に値する（表2）。

宝塚の発展していく様子を見た地元では、早急に有馬線の敷設を要求し、箕面有馬電軌が敷設しないならば、自分たちの手で敷設するから、宝塚〜有馬間の敷設権を放棄せよと迫った。この結果、

開催時期	名　　称	開催場所	共催・後援、掲載・新聞社
1911年10月	山林子供博覧会	箕面動物園	大阪毎日新聞社（主催）
1913年3月	婦人博覧会	宝塚新温泉	
1914年3月19日	婚礼博覧会余興として少女歌劇	宝塚新温泉	大阪毎日新聞社、（新聞広告）
1914年4月	婚礼博覧会	宝塚新温泉	大阪毎日新聞社（主催）
1914年12月9日	少女歌劇の趣旨（小林一三談）		大阪毎日新聞社（談話記事）
1914年12月11日	大毎慈善歌劇会	北浜帝國座	大阪毎日新聞社（主催）
1914年12月15日	大毎慈善歌劇会		大阪毎日新聞社（神戸支局主催）
1915年3月	家庭博覧会	北浜帝國座	
1915年12月	第3回大毎慈善歌劇会	浪速座	大阪毎日新聞社（主催）
1916年3月	芝居博覧会	浪速座	

表2　宝塚開業時期のイベントおよび広報

出典：阪神急行電鉄株式会社編『阪神急行電鉄二十五年史』1932年、京阪神急行電鉄株式会社編『京阪神急行五十年史』より作成

一九一三年六月、箕面有馬電軌としては資金的余裕がなかったため、これを放棄せざるを得なくなった。

ところで、一九一四年、大阪電気軌道の難工事を極めた生駒トンネルが竣工しようとする時、大阪日日新聞は岩下清周の大阪電気軌道をはじめとする諸方面への貸出しや経営に不良なものがあるとして、猛然と攻撃し始めた。おりしも日本興業銀行の破綻の暴露、清水銀行、本庄銀行、日本貯蓄銀行などの支払い停止があって、財界、金融界が小恐慌の様相を呈していたが、大阪日日新聞の岩下攻撃を機に、八月一九日には北浜銀行が

預金の取り付けにあい、支払い停止となった。岩下はその責任をとって頭取を辞任、一九一五年一月、箕面有馬電軌の社長も辞任した。しかしこれだけでは収まらず、商法違反・文書偽造などで起訴されるという疑獄事件にまで発展し、岩下は富士の裾野に隠棲を余技なくされた。

最大の取引銀行を失った箕面有馬電軌の資金繰りは一層苦しくなった。岩下が失脚すると、再建を急ぐ新体制での北浜銀行は箕面有馬電軌に資金がないことを見透かして、箕面有馬電軌に同社の株の買い取りを迫ってきた。しかしこの期を逃しては箕面有馬電軌の実権を握れないと判断した小林は、できる限りの借金をして小林みずからが買い取ると同時に、買い切れない二万数千株を日本生命、大同生命のほか、友人に買い取ってもらった。これによって、小林は大株主経営者となったのである。

しかし難儀はさらに起きた。先に疑獄事件にまで発展しながらも手中にした、梅田〜野江間の建設費が捻出できないのである。そこで京阪電鉄に同線を買い取ってもらうか、せめてとの思いで建設費の実費での譲渡を交渉したが、京阪はこれも拒否。結局、箕面有馬電軌は涙を飲んで大阪市に無償譲渡することになった。

難儀はさらに追い打ちをかけてやって来た。箕面有馬電軌では宝塚までの沿線開発だけは田舎の遊覧電車にすぎず、神戸に延びる路線を悲願として持っており、十三〜門戸にいたる路線の免許（一九一三年二月）を得ていた。ところが北浜銀行の再建が進む中で、同銀行が有する西宮〜神戸間の路線免許を持つ「灘循環電気軌道（以後「灘循環線」と略称）」の株式が処分されることになった。もしこれを阪神電鉄が所有することになれば、箕面有馬電軌としては悲願の神戸進出が困難になる。北浜銀行ではこの株を阪神電鉄に買い取るように交渉したが、これを聞知した小林は、阪神電鉄の今西林三郎に次の三案を提示した。

第一案：阪神電鉄が灘循環線を勧告通り買収する場合は、当社（箕面有馬電軌）が線路敷設の特許を取得し、準備を進めている新線建設に要した費用をいっさい支払うこと。

第二案：第一案に不賛成の場合は、灘循環線を阪神電鉄と当社の共同経営とすること。

第三案：第一案、第二案ともに同意にいたらぬ場合は、当社が買収し、阪神直通の計画を進める。

阪神電鉄では箕面有馬電軌の資金難を見透かして、第三案を選択してきた。

ここが正念場と考えた箕面有馬電軌は、一九一六年四月二八日、臨時株主総会において、灘循環線の合併承認を得て直ちに申請をした。そのために同社が箕面公園内に所有している松風閣を船成金の岸本兼太郎に買い取ってもらって、その資金で灘循環線を手中にした。しかし神戸線の建設資金はまったく目途が立たなかった。あらゆるルートをたどって金策に走ったが如何ともしがたく、再び岸本兼太郎を口説いた。その結果、一九一六年九月、三〇〇万円を年利六分五厘で借り入れることに成功した。

ところが阪神電鉄から灘循環線に関する株主総会の無効訴訟が提起された。結果は箕面有馬電軌の勝訴となったが、その判決が下りる一九一八年一二月まで、神戸線の建設が阻害されることになった。いまひとつの障害は、路線についての伊丹町と住吉町住民からの反対運動であった。これらの障害があったため四年の歳月を要したが、一九二〇年七月には悲願の神戸線が開通し、その途上、一九一八年二月に、社名を箕面有馬電気軌道から、阪神急行電鉄と変更したのである。

5　社名変更の意味するところ

社名変更の持つ意味は深い。名は体を表すとおり、この変更が意味するところは「箕面有馬電気軌道」は路面電車の延長としての軌道ではないということの宣言である。と同時に、「速い」ことを意味する「急行」であって、まさにスピード時代の到来を宣言するものでもあった。しかも阪神電鉄の社名の間に「急行」の文字を入れることによって、明らかに阪神電鉄との差別化をしたのである。当然この商号変更の届出について鉄道院や内務省はクレームをつけ、「軌道」を名乗るように大阪府・兵庫県知事に通牒(14)した。しかしあくまでも商号変更は届出事項であって、建前上監督官庁が指図できることではないとし、そのまま「阪神急行電鉄」を社名としたのである。

社名変更にこめられた強いメッセージは、小林がこの時期に出した自作台本集『歌劇十曲』の巻頭に記した岩下への献呈の辞から窺える。それによれば「私の会社は貴下のお陰によって此の世のなかに生まれてきました。私の会社は（千六百何十人の株主を有する株式会社を私の会社といふのは不都合であるかも知れません、然しさういう法律論は離れて私はいつも私の会社と思って居る習慣を見逃して頂きたい）その私の会社は、丁度十年になります[15]」と書いている。

短い文章のなかに注釈までつけて「私の会社」という言葉をたびたび使っているところに明らかに意味が込められているが、この著書が出版されたのが、富士山麓に隠棲した岩下が判決を受けた時期であることを考えると、これは岩下からの独立を意味するものであることは明らかである。

しかもこの献辞に「宝塚は、やがて電鉄統一の暁には温泉町としてのみならず、あらゆる遊技場の統一的中心地たるべき運命を持っている」と電鉄統一という言葉が出てくるが、これは岩下の持論であった。したがって「北浜銀行がズット安泰であったならば、私はやはり一使用人として働いていたにすぎなかったろう」と述懐する言葉と重ね合わせると、これは明らかに岩下の構想からの独立宣言であったといえる。もとより独立宣言には小林には確固たる信念があった。それは「鉄道が敷ければ、人が動く。人には住宅もいる。食料品もいる。娯楽機関も社交機関もいる。それ等は自由競争である。其処に金儲けの途を考えるのが、鉄道事業[16]」というものである。それであるだけに、社名変更後の事業展開は目覚しいものがあった。

（一）悲願の神戸線

一九二〇年七月、梅田～神戸間の神戸本線および塚口～伊丹間の伊丹支線が同時に開通した。これらはいずれも軌道条例による敷設であったが、実際は全線が専用軌道であった。しかもこれまで阪神電鉄が時速二五マイルであったのに対して、神戸線では三五マイルが認められ、まさにスピード時代の幕開けであった。開業して早々の新聞に「新しく開通（でき）た（大阪または神戸）ゆき急行電車　市電上筒井にて連絡　綺麗で、早うて、ガラガラで、眺めの素敵によい涼しい電車」という奇抜な広告を載せた。「芦屋付近を疾風の如く走る最新式電車に乗って、旧式の阪神電車を眼下に見下したときは、実に愉快であった」と述べるように、まさに私の会社になった喜びであった。

続いて一九二一年には神戸線の西宮北口～宝塚間（西宝線）が単線で開通し、翌年には複線化し、一九二四年一〇月には同じく神戸線の夙川～甲陽園（甲陽支線）が、一九二六年一二月には西宮～今津間（今津線）が開通し、西宝線も今津線と改称された。そして一九二六年七月には、梅田ターミナルが改造されて高架駅となり、梅田と宝塚線、神戸線の分岐点に当たる一三の路線が高架複々線化された。こうして京都線とその他の支線を除く今日の路線網が大正末期までに完成した。

神戸線開通後の乗客数および収入は著しい増加が見られ、収入面で見ると一九二四年下期には神戸線の収入が宝塚線のそれを凌駕し、名実ともに神戸線が阪神急行電鉄の幹線となった（表3）。このような経営状態になりえたのは、株主と社員と沿線利用者が対等の立場で事業を運営する「利益三分主義[17]」の理念があったこそとしている。かくして一九二七年三月、小林は満を持して社長に就

	旅客数(人)（神戸線）	旅客数(人)（宝塚線）	旅客収入(人)（神戸線）	旅客収入(人)（宝塚線）
1920 下	2,236,472	6,556,184	571,301	846,418
1921 上	2,584,307	7,728,105	632,484	961,276
1921 下	3,273,006	8,141,701	756,341	961,543
1922 上	3,953,316	9,358,650	882,623	1,071,106
1922 下	4,234,677	9,688,300	935,306	1,050,159
1923 上	4,605,662	10,256,793	1,041,332	1,114,870
1923 下	5,327,241	10,997,816	1,144,347	1,160,716
1924 上	5,676,056	11,493,353	1,253,348	1,234,048

表３　神戸線・宝塚線の旅客運輸成績推移

出典：「阪神急行電鉄報告書」各期（線別集計は大正13年下期で終了）

任した。と同時にかねてから懇請されていた東京電燈株式会社の取締役に就任し、大阪・東京を股にかけて事業を行なうことになった。

(二) 百貨店

神戸線の開通や複々線工事に伴って梅田駅の乗客は増大を続けたが、小林はその乗客の購買力に期待を持っていた。そこで小林は欧米先進国の百貨店の調査をさせる一方で、実験的に百貨店経営に着手した。神戸線が開通した年の一九二〇年一一月、梅田駅に隣接して阪急ビルディング（五階建て）を竣工させ、一階を白木屋に貸して日用雑貨を販売させ、二階に食堂、三から五階を事務所としたところ、試みは大成功であった。そこで白木屋との賃貸契約が切れる一九二五年六月、四階と五階を食堂とし、二階と三階を直営の阪急マーケットとして開業した。

当時、百貨店は都心部にあり、呉服店から発展してきただけに販売手法も独特のものがあって、異業種からの参入は難しいと考えられていた。しかし小林には勝算があった。それは、家族が気軽に食事ができる食堂を中心にすること、高級呉服は扱わず、雑貨、食料品、小間物、玩具など沿線居住者の家庭日用品に重点を置くなど、沿線の女性や子供を念頭に、「どこよりも良い品を、どこよりも安く」をモットーにすることであった。結果は上々で、すぐさま拡張工事を余儀なくされた。かくして一九二九年四月にはそれを改装した阪急ビル第一期工事を行ない、地上八階地下二階の阪急百貨店が、梅田のターミナルに誕生したのである。その後、第二期工事（一九三二年）、第三期増築工事（一九三二年）と着実な拡充をしていくことになる。

（三）宝塚少女歌劇

一九一七年に小林が出版した『歌劇十曲』の献辞は岩下からの独立宣言ではあったが、「憂鬱の時代」でもあった。「没義道な世間と軽薄なる輿論に対して一種の反抗心」をもって鬱々とする気持ちであったが、それを慰安してくれたのが「少女歌劇」であって、この育成に没頭することによって冷静さを保ちえたのだと吐露している。それがあってか、小林の前に立ちはだかるさまざまな障害を乗り越えつつ、他方では『歌劇十曲』を出版するなど歌劇にのめり込んでいる。

プールを改造して作ったパラダイス劇場で第一回の少女歌劇を公演した時には、珍しさのゆえに人気はそれなりにあったが、余興の域を出るものではなかった。しかし一九一七年の夏期公演の演目に見る通り、「大江山」のような子供向け演目と「夜の巷」のような世相風俗を反映した大人向けを組み合わせるような改良を加えると、歌劇だけを見に来る客が増えた。その活況振りが大阪毎日新聞などで評価されるようになると、新聞社主催による慈善歌劇会として、入場料を取って開催できるまでになった。これを転機に東京公演も行えるようになった。

これに弾みを得た小林は一九一九年、箕面公会堂を移築して作った歌劇専用の新劇場を建設した。米国各地の劇場を調査させて間もなくの一九二三年一月に宝塚新温泉が炎上した。小林は意気消沈するどころか、その一年半後（一九二四年七月）、収容人員四〇〇〇名の大劇場を完成させた。ついで一九二七年には欧米の本格的なレビューを取り入れた「モン・パリ」を上演し、レビュー時代の幕を開けた。

小林には確固たる信念があった。それは時間と料金の設定を、観劇する人の立場から決める方法を取ることである。大阪市内から日帰りで宝塚に来てくれるサラリーマンの家族を前提に興業を組み、平日は夜六時から一〇時までの一回公演、休日は昼の部を加えて二回公演とし、ひとり一円位で見せる方法をとった。そのためには大劇場でなければならないし、脚本も舞台装置も振り付けもそのために変更するなどの改良をした。今日の宝塚の原型は、まさにこの時に作られたといえる。

このように小林の事業展開を見ると、その活動は日露戦争後、第一次世界大戦を契機とする日本資本主義がようやく成熟しようとする、いわゆる大正デモクラシーが開花する時に当たる。それは都市の膨張と、新しい労働者階級・大衆の台頭の時期でもあるが、それと歩調を合わせて事業展開されてきたことがまず指摘できる。その中で手がけられた電鉄事業・住宅事業・百貨店事業・レジャー事業は、宝塚を除くとしても、いずれも阪神電鉄を強く意識した戦略が採られている。そうした戦略の中でターゲットとされたのは家庭、中でも女性や子供であった。そしてこれらの顧客の支持を得るために、実にたくみにメディアを味方につけ、みずからの最も得意とする筆で顧客に呼びかけている。そして事業を行なう場合には、「自分の計算から出発せざること」として顧客のニーズや支払い能力から商品を組み立てる手法、つまり「単に営利」ではなく「自他共に利益」する、いわゆる「利益三分主義」を根底にすえている。それであるからこそ、権力による介入は要らざることなのであった。

注

(1) 佐藤博夫編『小林一三翁の追想』年譜、六五九頁、一九六一年
(2) 小林一三全集委員会編『小林一三全集』、第一巻、九九頁、ダイヤモンド、一九六一年一一月
(3) 阪田寛夫『わが小林一三』河出書房、一九八三年、九八〜一〇五頁に一月一八日に来阪し、その日が北浜市場の反動暴落の日であったということについて、その事実関係を質しており、あとから作り出された劇

的な日ではないかとしている。

（4）作道洋太郎「阪急電鉄——その経営と沿線文化の発達」（宇田正他編『民鉄経営の歴史と文化』西日本編、一五二頁、古今書院、一九九五年）にはこの決意が現在の阪急電鉄のプロトタイプの誕生と評価している。

（5）前掲書『小林一三全集』第一巻、一三七頁

（6）同書『小林一三全集』第一巻、一三九頁

（7）同書『小林一三全集』第一巻、一四九頁

（8）取締役、井上保次郎、松方幸次郎、志方勢七、藤本清兵衛、小林一三、監査役には野田卯太郎、平賀敏、速水太郎

（9）箕面有馬電気軌道『第九回報告書（明治四拾四年下半期）』二一頁、地所経営。特に電鉄業の不動産業については、中村尚史「電鉄経営と不動産業——箕面有馬電気軌道を中心として——」『社会科学研究』東京大学社会科学研究紀要、第五八巻、第三・四合併号、二〇〇七年に詳しい

（10）小林正彬「資本制生産の伸張」（日本文化史）『市民生活の展開』四六頁、河出書房、一九七五年

（11）阪神電気鉄道株式会社『阪神電気鉄道百年史』九三頁、二〇〇五年

（12）吉見俊哉「大正期におけるメディア・イベントの形成と中産階級のユートピアとしての郊外」『東京大学新聞研究所紀要』一四一頁、No．四一、一九九〇年

(13) 坂田寛夫『前掲書』、一三〇頁
(14) 加藤新一「阪神急行電鉄・新京阪の運輸と経営」『鉄道ピクトリアル』五二一号、六一～六二頁、一九八九年
(15) 前掲書『逸翁自叙伝』二四二頁
(16) 高崎達之助「小林一三さんを偲ぶ」『小林一三翁の追想』一〇二頁、一九六一年。これは一九一六年の秋、五カ年のアメリカ生活から帰国した高崎に語った言葉である。
(17) 小林一三「此の会社の前途はどうなるか」『阪神急行電鉄二十五年史』四頁、一九三二年一〇月

第10章

木下淑夫

◎

和久田康雄

1 「木下運輸」の時代

鉄道の国有化をはさむ一九〇〇〜一九一〇年代の鉄道界をリードし、その後も大きな影響を残した人物として、車両技術については島安次郎、運輸については木下淑夫（旧名・梅蔵）をあげることができるだろう。

ここで「運輸」というのは、旅客・貨物の営業を含む鉄道運営の実務のことであり、木下が就任していた鉄道院運輸局長というのは、エモリー・R・ジョンソン著・木下淑夫訳『鉄道運輸原論』にあるアメリカの鉄道会社の組織でいえば、営業部（トラフィック）担当副社長に事業部（オペレーション）担当副社長の業務を一部加えたような重要な地位であった。

こうした役職で強い指導力を発揮するには鉄道全般についての深い知識と経験が必要であるが、木下は技術者としての教育を受けるとともに経済学も学んだ、稀に見る逸材であった。

2 運輸局長への道

木下は一八七四（明治七）年九月二三日に京都府熊野郡神野村（現在の京丹後市）で酒造業を営む

旧家に生まれ、まだ学制が整っていない時代のこととて、小学校を卒えたのち豊岡町の久保田塾に入った。しかしここでは漢学だけで洋学を教えていなかったため、反対する父親を説得して京都市に出ると、真宗系の顕道学校に入って英語を学んだ。

こうして京都の第三高等中学校（のちの第三高等学校）予科に入学でき、その本科に進んだが、一八九四年に高校学校令が改正されると三高では大学予科の代わりに法学部・医学部・工学部を置くことにしたため、帝国大学進学を希望する者は他の高等学校に移ることになった。このうち七八人は九月から仙台の第二高等学校に転学し、木下はその大学予科三年となって、翌年七月に二高を（梅蔵の名で）卒業すると、帝国大学（一八九七年から東京帝国大学）工科大学土木工学科に（淑夫の名で）入学した。

木下淑夫

工科大学在学中の実習で木下は、郷里に近い京都鉄道の嵯峨〜亀岡間の建設工事を選んだ。ここは保津川の峡谷に沿ってトンネルや橋梁の続く難工事区間（のちの山陰本線、現在の嵯峨野観光鉄道）であり、「いろは」という札付きの侠客がこのあたりは自分の縄張りだと主張するため請負う者がなかったところを会社の懇請を受けて鹿島組が引き受け、硬軟両方のやり方で工事を進めたという。木下はこうした技術的にも施工面でも問題の多い現場で、二年目の夏には見学者の案内役を命じられるほど熱心に実習を行なった。

こうして一八九八年七月に工科大学を卒業すると、木下は「鉄道学（特ニ本位軌間論及軌間変更ニ関スル技術的研究）」のため大学院に入学を許可された。本位軌間（＝標準軌間）を研究テーマとしたことは、後に木下が狭軌論者から鉄道院を追われたことと考え合わせて感慨深い。

ちなみに木下は大学院で法律と経済を学んだというが、この入学を伝える『官報』を見ると大学院には研究科の区分がなかったようだ。ただ当時は法科大学にも交通経済学の講義はなかったはずで、その後講師に就任したC・グリフィンが交通論の教科書を出版したのは一九〇二年であった。

ついで木下は、一八九九年二月に技手として鉄道作業局に採用され、工務部兼主記課勤務となった。なお技術官の任用には文官試験のような資格試験制度はなく、選考採用が行なわれていた。

翌一九〇〇年六月に長官の松本荘一郎がパリの万国鉄道会議出席のため出張する時には、木下が随行を命ぜられて欧米を視察した。もっとも松本はアメリカのレンセラー大学で土木工学を学んだ人だったから、初めて洋行する木下が語学などで長官を助けたとは思えない（後に木下が自費で留学する前には英語を猛勉強したという）。後進の指導に熱心だった松本としては優秀な工学士の木下に目を付けて、引き立てたのであろう。

一九〇一年二月に帰国すると技手から技師に昇進し、主記課兼運輸部勤務となって、一九〇二年四月には運輸部の旅客掛長にあてられた。当時の鉄道作業局の組織を見ると、官房にあたる主記課のほかに建設・工務・汽車・運輸・計理の五部が置かれ、運輸部には庶務・調査・運転・旅客・貨物の五掛があった。木下の上司である運輸部長の平井晴二郎も松本に続きレンセラーに留学して土木工学を学んできた人であり、松本の没後は鉄道作業局長官となっている。

この当時、名古屋～大阪間では関西鉄道との間に運賃の引下げを含む激しい客貨の争奪戦が始まっており、木下は関西鉄道支配人井上徳治郎との間で一度は手打ちのための覚書を交換したが、翌一九〇三年にはまた競争が再燃し、木下は大阪方面、貨物掛長の三本武重は名古屋に出張して、それぞれ客貨の獲得に奔走した。しかし、この競争は一九〇四年に日露戦争が勃発し、軍事輸送が忙しくなったために終止符が打たれた。

その年八月、木下は自費での海外留学を決意し休職を発令された。二年前に結婚した妻の実家も大阪の実業家であり、援助を申し出た。まずウイスコンシン大学で土木工学を修め、ついでペンシルヴェニア大学の大学院で交通経済学者エモリー・R・ジョンソンに学ぶとともに、アメリカ各地の鉄道を実習や視察をしてまわった。その間、ワシントンで開かれた万国鉄道会議に日本代表のひとりとして出席し、この時には英語を駆使して活躍することができた。

これに対し鉄道作業局でも将来の幹部職員に対する海外留学の必要性を認め、一九〇五年五月には木下の復職と、さらに二年におよぶ運輸営業の研究を命じた。こうしてイギリスに渡った木下は、主としてヨークのノース・イースタン鉄道で実習し、さらにヨーロッパ大陸の各鉄道を視察してまわった。その途中ロシアにも出張を命じられ、日露戦争後のロシア鉄道との協定交渉に派遣されてきた古川阪次郎を助けた。

こうして三年の留学を終えた木下は、鉄道国有化の終わった一九〇七年一〇月に帰国すると、帝国鉄道庁（総裁は平井晴二郎）で運輸部旅客課長に就任した。運輸部は鉄道作業局時代の汽車部を合わせた組織（庶務・貨物・旅客・運転・工作・電気・船舶の七課）であり、部長は機関車の設計で知られる岩崎彦松（工部大学校機械科卒）であった。この頃から、国内で専門教育を受けた人が幹部に就任するようになったわけである。

逓信省に属した帝国鉄道庁は一九〇八年一二月内閣に属する鉄道院となったが、木下はその運輸部営業課長にあてられた。さらに一九一三（大正二）年五月には運輸部のうち工作・電気・船舶の各課と建設部が技術部にまとめられ、運輸部は運輸局と改められて、課制を廃止し旅客・貨物・運転の三主任が置かれた。運輸局長は技監または副総裁が兼務していたが、一九一四年七月には総裁の仙石貢の下で木下が局長に就任し、それまでも旅客主任兼貨物主任であった彼が、これ以後は名実ともにこの局を率いていくことになった（同時に監督局長に就任した法学士の大園栄三郎も木下と同期の一八九八年東京帝大卒であった）。

なお、技術部は一九一五年六月から土木系の工務局と機械系の工作局に分けられ、工作局長には島安次郎が就任した。島は木下より四年早い一八九四年の工科大学卒業で、工作課長時代に工学博士号を受けている。

3 国際人としての活躍

木下が運輸部・運輸局で活躍したのは、国鉄の国際化の時代であった。一九一〇年七月にはブリュッセルでシベリア経由国際連絡運輸の第五回会議が開かれ、国鉄と南満州鉄道・大阪商船の加入が認められた。こうして翌年からヨーロッパとの国際連絡運輸が開始され、一九一二年六月には新橋〜下関間に特別急行列車が設定されて関釜連絡船経由で大陸の鉄道とつながった。この列車は郵便手荷物車・二等寝台車・二等車（二両）・食堂車・一等寝台車・展望車の七両で編成され、英会話のできる列車長が乗務していた。新橋〜敦賀間にも週三回、寝台車を連結した急行列車が運転されてウラジオストーク航路と接続した。

またこの一九一二年三月には、外客誘致のためのジャパン・ツーリスト・ビューローが鉄道院の主導で設立された。これは営業課長の木下が副総裁の平井晴二郎とともに総裁の原敬を説得し、資金を出させるようにしたものであった。

国際連絡運輸は当時の中華民国との間でも行なわれ、そのための会議が一九一三年から毎年開

『遊覧日本旅客指南』

かれていたが、木下は一九一五年四月に北京へ出張した。また、ロシア革命後の一九一八年に始まった日本軍のシベリア出兵に際しては、木下は陸軍から鉄道業務の嘱託を受けてロシアと中国へ出張した。もっともこの時のウラジオストーク滞在中にアミーバ赤痢になり、これが彼の命を縮めることになったといわれる。

こうした国際的な業務のため木下は運輸局に外国人を雇うほか、東京外国語学校の卒業生を積極的に採用した。また一九〇八年七月には英語練習所をつくって所長を兼務し、翌年これが鉄道中央教習所の英語科となってからも科長を続けた。

外語出身者のうち高久甚之助はのちに鉄道省の国際課長となり、ジャパン・ツーリスト・ビューローの中心人物として長く活躍したし、小林勇蔵は鉄道における英語の達人として知られ、在外研究員として高久などと同じくペンシルヴァニア大学に学び、マスターの学位を受けている。

最初に記したジョンソン著・木下訳の『鉄道運輸原論』は一九二一年の発行であるが、序文で木下は自分が病後のため、翻訳校正は高久甚之助・中川登代吉・佐藤敬三・小林勇蔵・山中忠雄に援助してもらったと記しており、こうした訳者たちこそ木下直系の国際派であった（木下にロシア語の勉強を励まされた山中忠雄は第二次世界大戦後に初代・交通博物館長となっている）。

そのほか外国人向けの出版として、一九一三〜一七年には有名なベデカのガイドブックにならった英文の東亜案内が満州及朝鮮篇・西南日本篇・東北日本篇・シナ（中国）篇・南洋篇と次々に刊行された。一九一六年には『遊覧日本旅客指南』という中国語の本まで出している。

4　輸送サービスの革新を主導

国内では、鉄道作業局時代末期の二四一一kmから国有化完了後は七一五三kmへと拡大した路線における運輸の責任が木下に与えられた。旅客営業については同志社卒の三上真吾、貨物営業については東京帝大卒の村井二郎吉といった事務系の職員が、各鉄道の出身者とともに運輸局で木下を助けた。

まず、当初はそのままとされた各社ばらばらの旅客運賃が一九〇七年一一月から全国統一の賃率となった。遠距離逓減制が採用され、全体として鉄道作業局時代より値下げされた。団体運賃については一九一三年から季節によって割引率を変える方策がとられた。

さらに木下は、「〇〇すべし」などと命令調であった掲示の文章を「〇〇せられたし」などと改め、旅客に接する職員にサービス精神を持たせるように指導した。

一九〇九年には乗車券引換証の制度が設けられたが、これは当時乗車券を贈り物に使う風潮があったことに対応するものであった。一九一三年からは無札で乗車した場合の取扱いを改善し、またどの駅間でも回数乗車券を発売するようにした。さらに一九一六年には途中下車駅の指定制を廃止して、距離により回数の制限はあっても任意の駅で途中下車ができるようにした。

木下は旅客が駅へやって来るのを待って「運んでやる」という態度ではなく、積極的に街頭へ進出して営業活動を行なうようにと、一九〇八年に大阪と函館で出札所を設けたのを手始めに、翌年以後は東京・横浜・名古屋・京都・広島に市内営業所を設けた（市内出札所は市内営業所となる）。こうした営業所では旅行案内や乗車券の発行だけでなく、貨物についての質問にも答えるようにした。また小荷物取扱所は一九一〇〜一二年に全国数十カ所で開設された。

全国に路線網を持つ国鉄の手小荷物輸送は国民にとって欠かせないものとなり、とりわけ小荷物の輸送実績は、好況によって商品見本・高価品などの少量急送荷物が増加したために大きく増加した。一九一一年からは手小荷物の急速な配達を行なう特別配達の制度が主な都市で設けられた。また一九一三年には、犬などの小動物を客車内に携行することも認められるようになった。

一九一五年には小荷物・貨物の代金引換制度が設けられた。これは、金融機関が十分でない地方との取引・集金などに不便を感じている荷主へのサービスとなるものであった。

貨物運賃は国有化の直後にある程度まで整理されていたが、これを全国的に統一するための改正が一九一二年一〇月に行なわれた。同時に、その当時営業成績が良かったことから、賃率の引下げも行なわれた。ただし、従来から航路との競争のあった山陽地区だけは別の賃率とされた。

国有化前に各鉄道で行なわれていた貨物運賃に関する割戻は一九一〇年に廃止され、対人的な特約割引についても一九一八年に全廃されて、一般に公開する特定割引制度へと移行した。

しかし、第一次世界大戦による生産の増加と沿岸輸送における船舶の欠乏から一九一六〜一八年には鉄道輸送が逼迫し、全国的に滞貨が生じて大問題となった。これに対して木下は一九一七年六月に鉄道管理局の運輸課長会議を招集し、車両の補充・信号所の増設・終端停車場の設備改善・現業員の増加といった方策を決定するとともに、荷主に引取の迅速化を求めた。

また、それまで貨車の運用がほとんど鉄道管理局ごとに行なわれて、共通運用車は少なかったものを、全国的に計画的な配車を行なう方向に進めた。もっとも当時は本州と三島の線路は実際上隔てられており、関門航路で一九一一年から始まっていた貨車航送も不十分なものであった。

5　鉄道と利用者を結んだ出版物

外国語による案内書については先に述べたが、国内向けにも各種の出版物が運輸局によって作られた。

『鉄道院線沿道　遊覧地案内』は一九一〇年に鉄道院から非売品として発行された。末尾に、これは夏の旅行を計画する一助にと急いで刊行したので、これから改訂していきたいし、鉄道の施設や経営に関しても忠告を切望すると記しているのは、木下イズムをよく表している。

ついで『鉄道沿線遊覧地案内』が一九一三年に鉄道院から発行され、博文館により市販された。『遊覧地案内』に比べて旅行の目的別に索引が充実し、写真や地図も数多く加えられた上製本である。巻頭には「例言」を置いて、索引は各線の主な名勝地がすぐわかるようにしたと自信を示し、また、鉄道の施設や経営については社会の進運と時代の要求に応じて改善につとめているが、なお識者が当務者を啓発されるよう希望すると、これまた木下流に記している。

この『鉄道沿線遊覧地案内』を持ち運びしやすい新書判にしたものが、『鉄道旅行案内』として一九一五年に鉄道院から発行され、博文館によって一円一〇銭で販売された（一九一七年に改版されている）。

なお、同じ『鉄道旅行案内』と名乗りながら横長の判型で吉田初三郎の描いた鳥瞰図を並べたものは、木下が運輸局を離れた一九二一年以後の発行である。

一方、運輸局で『鉄道旅行案内』の編集に当たっていた谷口梨花の執筆したのが、一九一八年に博文館から発行された『汽車の窓から　西南部』であった。木下はこの本が車窓の友となり遊覧の手引ともなる新しい試みの案内記であって、『鉄道旅行案内』の姉妹編といえるものであると賞賛し、序文を寄せている。もっとも、続く『汽車の窓から　東北部』は翌年の発行となり、序文は次の運輸局長である中川正左が執筆した。

旅行に必要なのは案内書とともに時刻表であるが、これは民間が定期的に発行するようになり、一八九四年から庚寅新誌社が『汽車汽船旅行案内』、一九〇二年から公益社が『旅行案内』、そして一九〇七年から博文館が『鉄道旅行案内』という題名でそれぞれ刊行していた。

鉄道院ではこれらを検閲して発行の許可を与えていたが、三社の競争があるため運輸局の担当者との間に問題も起こっていた。そこで木下は大手である博文館の大橋新太郎を動かし、大橋がいちばん古い庚寅新誌社の手塚猛昌および公益社の木下立安と協議して、手塚猛昌を社長、木下立安を専務、大橋新太郎を常務とする新しい旅行案内社を作り、ここが一九一五年一月から月刊の『公認汽車汽船旅行案内』を発行するようになった。

『公認汽車汽船旅行案内』

この『旅行案内』の表紙には海岸を走る汽車と汽船、またその手前には三本の松が描かれていたが、これは統合された三社を表すものであった。そしてそれまで各社千五百部ないし二千部の発行部数であったものが、鉄道院から「公認」というお墨付きをもらったこの「三本松の時間表」は、一九一九年には一万部を超えるようになった。

さらに木下は、日本に鉄道網が生まれたことの社会・経済など全般にわたる影響を調査した『本邦鉄道の社会及経済に及ぼせる影響』という研究をまとめて、一九一六年に刊行した。

その構成は、上巻で本邦鉄道の発達・旅客の運輸・貨物の運輸を、中巻で鉄道が農業園芸業・畜産業・水産業・山林業・採鉱冶金業採石業・蚕糸業・工業に及ぼした影響を、下巻で鉄道が消費・商業・通信事業・海陸運送業・各種営業・人口分布・文化風俗・国際関係に及ぼした影響を述べ、これに付図を加えている。

その巻頭で木下は、運輸局の事業として急いで完成させるため、フランス人アルフレッド・ピカールの研究にならい、日本の国情に基づく調査要項を決定して、九カ月で完成したと記している。また凡例によれば、鉄道院の内部だけでなく各省や地方の団体などからも材料を集め、各地の実況を観察したという。いずれにせよ、実務家である鉄道院の職員が木下の指導の下、短期間にこうした幅広い研究をまとめたことには驚かされる。

6　警世の書を残して世を去る

こうして木下が活躍した鉄道院という組織は、一九〇八年から一九二〇年まで続いた。この間、後藤新平は初代・三代・七代と総裁をつとめ、そのたびに標準軌間（当時は広軌と呼ばれた）への改築を行なうよう政府を動かし続けた。

一方、地方への鉄道網の普及を唱える政友会から総裁となった二代の原敬、四代の床次竹二郎はこれに反対し、一九一八年九月に原を首班とする内閣が成立して九代目総裁となった床次は、翌年「広軌」への改築を行なわないことを決定してこの問題に決着をつけた。

この政策論争に鉄道院はふりまわされたが、そうした中で政友会の原に密着して辣腕を振るったのが石丸重美であった。石丸は木下の八年先輩に当たる工科大学土木工学科の一八九〇年卒業で、一九一三年に技監となっていた。京浜間電車化のトラブルの責任をとって一度は辞職したものの、原に近づいて床次が九代総裁に就任すると副総裁として鉄道院に戻ってきた。

それとともに「広軌派」と見られた木下は中部鉄道管理局長（米原以東の東海道線や北陸線・中央線を管轄）へと転出させられ、ついで一九一九年五月の再編成で東京鉄道管理局（東北線の白河から東海道線の沼津まで関東一円を管轄）が置かれると、その局長にあてられた。どちらも地方局長の筆頭とはいえ本院の花形局長からの「左遷」であり、この人事には床次の前に八代目の総裁をつとめた中村是公も疑問を呈している。

しかし、この頃から木下は健康がすぐれなくなり、一九二〇年三月に休職を発令されて、その五月に鉄道院が鉄道省となるとともに退官した。その後は大森の自宅のほか夏は軽井沢、冬は須磨で療養しながら、鉄道運輸の研究と執筆を行なっていた。わが世の春をうたう政友会の天下もいずれ終わると見て、再起を期していたものと思われる。

木下が一九二三年八月に軽井沢から東京に戻ったのは、首相の加藤友三郎が死去し、政友会寄りの鉄道大臣大木遠吉も交代する機会に、首相となる山本権兵衛の関係者から重要ポスト（鉄道次官か）への就任を求められたからであったようだ。しかし九月一日には関東大震災が起こり、被災はしなかったものの夜露にぬれて体調を崩した木下は、九月六日に四八歳で急逝した。

山本内閣の鉄道大臣山之内一次は就任するとすぐ、政友会に忠勤をはげんできた次官の石丸重美を退任させ、木下の次に運輸局長となっていた法学士の中川正左を四一歳の若さで次官にあげた。こうして鉄道を去った石丸も、辞任の翌月には病没している。

その木下の執筆していた遺稿が、「国有鉄道の将来」であった。これは、世界的に自動車が進出して鉄道の独占性が失われている時代に、日本では政友会の主張に沿って一九二二年に鉄道敷設法が全面改正され、全国に鉄道網を普及しようという政策が法制化されたことを批判するもので、次のような構成から成っていた。

一　欧米に於ける鉄道事業経営の現状
二　我が国有鉄道経営の現況及び其伝統的方針
三　将来の営業収支及び計画事業概評
四　自動車運輸の特長（特に鉄道に比較して）
五　海外に於ける自動車運輸の発達
六　何故にわが国に於ける自動車の発達は遅々たるや
七　如何にしてわが国自動車運輸を発達せしむべきや
八　英国に於ける民衆的自動車営業
九　未成線の一部に民衆的自動車運輸を試むべし

こうした自動車運輸を重視する考え方は、木下が最新の海外交通事情をいつも研究していた成果であり、鉄道敷設法が議会で審議された時には政府案を批判する堂々とした議論が、木下の提供した資料に基づいて一議員により行なわれた。

しかし政党政治の主流は、一九一〇〜二〇年代の原敬から一九六〇〜七〇年代の田中角栄にいたるまで鉄道新線の建設を最優先するものであり、木下の恐れたとおり、国有鉄道の経営を破綻させる一因となった。こうした木下の先見性は、半世紀以上たってから高く再評価されたわけである。

木下の風貌は外人と見えるほどで、酒や煙草は飲まず、芸者の出るような宴会を避けて洋風を好んだ。部下を指導するにも当時の鉄道幹部のように怒鳴りつけたりはせず、おだやかに諭すといった紳士であった。家庭は最初の妻を一九一一年に失い、三年後にその妹と再婚していた。

こうして見てきたように木下は、最初の大きな仕事が関西鉄道との鉄道史に残る客貨争奪戦であり、その後、私鉄間の競争が激しいアメリカとイギリスに留学して、鉄道のサービスとは何であるかを身につけて帰国したことから、お役所仕事だった国鉄の営業を大改革したのであった。

彼の死後、一九二七年に鉄道省の弟子たちの招きで来日した恩師のエモリー・R・ジョンソンも、運輸局長室で俊秀・木下の思い出を語って感慨にふけったと伝えられている。

第11章

早川徳次

◎

松本和明

1 生い立ちから鉄道経営者へ

早川徳次は、明治一四（一八八一）年一〇月一五日に、山梨県東八代郡御代咲村（現・笛吹市）で、早川常富・えひの六人兄妹の末子として生まれた。常富は御代咲村長、長兄の富平は山梨県会議員を務めるなど、早川家は地域の「名望家」であった。山梨県中学校（現・県立甲府第一高校）を卒業後に（ジャーナリストを経て内閣総理大臣を務めた石橋湛山が同期生）、第六高等学校（現・岡山大学）に進学するものの、病気のために二年次で中退を余儀なくされた。

徳次は、病が癒えた後、改めて早稲田大学法科に入学した。在学中には政治家を志し、南満州鉄道初代総裁の後藤新平に「我国ノ使命」と題する論文を送ったところ、幸いにも知遇を得た。明治四一（一九〇八）年に早稲田大学を卒業後、後藤の勧めで南満州鉄道に秘書課嘱託として入社した。その直後に後藤が鉄道院総裁に就任したため、後藤に願い出て、同院の中部鉄道局へ移籍した。徳次は、鉄道実務を取得すべく、自ら強く希望して新橋駅で勤務した。鉄道院において大卒者が現場で勤務することは、当時としては極めて稀であった。

明治四四（一九一一）年に、後に徳次の義兄となり、衆議院議員などを歴任した望月小太郎を介して、東武鉄道社長を務めていた根津嘉一郎から、佐野～葛生間の佐野鉄道（現・東武鉄道佐野線）の経営再建を託され、程なく四％から一〇％以上への増配を果たした。続いて、根津が社長を務めていた汐見橋～長野間の高野登山鉄道（現・南海電鉄高野線）に支配人として入社した。同社は業績が悪化していたが、わずか二年余りで立て直すことに成功した。両社での経験で、徳次は鉄道経営のスキル・ノウハウを蓄積・進化することができたのである。

2　地下鉄道との出会い

徳次は大正三（一九一四）年に高野登山鉄道を退社したものの、大阪に留まっていた。たまたま訪れた大阪港で、港湾設備が不十分なために船舶と鉄道との海陸連絡が機能を果たしていない現状を目の当たりにした。徳次はこれを打開するためには、鉄道と港湾の関係を調査する必要があることを痛感した。そこで大隈重信に援助を懇願したところ、鉄道院の嘱託としての身分を得た。こうして鉄道の先進地であるイギリスへ出発することとなった。

早川徳次　地下鉄博物館所蔵

徳次は同年八月にロンドンに到着した。当時のロンドンの交通機関は、路面電車や高架鉄道、バスなど多様であったものの、混雑は凄まじかった。こうした中で、市内で八路線を有していた地下鉄道は有効に機能し、市民にとって欠くべからざる存在となっていた。地下鉄道を初体験した徳次は、東京市内における路面電車の日々の大混雑と運行の混乱を想起し、地下鉄道の建設による市内の交通機関の整備が、必要かつ不可欠であることを強く認識した。そこで当初の課題を変更することを決意し、地下鉄道の調査・研究をさまざまな側面から旺盛に進めていった。徳次はロンドンとグラスゴーに約一年間滞在した後に、パリやニューヨークでも調査を続け、大正五（一九一六）年九月に帰国した。なお、同年に徳次は、イギリスでの見聞をまとめて、富山房から『大英国の表裏』と題した書籍を刊行している。

3　起業に向けての苦闘と東京地下鉄道株式会社の設立

帰国後、早速徳次は関係者・関係機関に対して、東京市内での地下鉄道建設の必要性と有用性を熱心に説いてまわった。しかし、当時としては地下鉄道について、その存在が全くといってよいほど知られていなかったことはもとより、その存在を知るものでさえ、市内中心部の多くが埋立地のため地盤が軟弱で、かつ出水が多いため建設が不可能であること、路面電車の数倍以上の建設費がかかるため採算がとれるはずがないことなどを理由に、ほとんど相手にすることはなかった。そればかりか、「山師」・「法螺吹き」などと批判されるほどであった。

こうした厳しい世評の中でも徳次はめげることなく、日夜独自で調査を進めた。その結果、地質図によると市内の地盤は予想に反して堅固であり、井戸掘削の調査図によると、地下鉄道を建設する深度の地層では湧水量が極めて少ないことが判明した。また、街頭に立っての交通量の計測で、浅草〜新橋間を中心とする路線で採算に適うことを割り出した。こうして徳次は地下鉄道の建設が、十分に実現可能であることを確信するにいたったのである。

これをふまえて、徳次は関係者へのアプローチをそれまで以上に推進した。とりわけ徳次が着目したのは、産業界の最有力者で、現在も「日本資本主義の父」と称される渋沢栄一である。徳次は、後に早稲田大学総長を務める高田早苗と同理事の阪本三郎を介して、大正六（一九一七）年一月一六日と二五日に渋沢との面会を果たした。「渋沢栄一日記」には、「阪本三郎・早川徳次氏来リ地下電鉄ノ事ヲ談ス」（一六日）、「阪本三郎・早川徳次二氏ノ来訪アリ、地下鉄道ノ事ヲ談ス」（二五日）との記録が存在する（渋沢青淵記念財団龍門社編『渋沢栄一伝記資料』第五一巻）。渋沢は徳次の計画に賛意を示し、関係者への仲介を約束した。渋沢の協力を得て、東京市長の奥田義人と東京市会議長の中野武営からも支持を取り付けた。

地質や交通量調査の良好な結果や協力者の広がりに自信を深めた徳次は、大正六年七月二五日に、発起人七名をもって「東京軽便地下鉄道株式会社」として、軽便鉄道（七六二㎜の狭軌）での敷設許可申請書を鉄道院に提出した。計画路線は東京市芝区高輪南町を起点に、同区烏森町、下谷区広小路を経て、浅草区公園広小路町および下谷区車坂町から分岐して北豊島郡南千住町にいたる九マイル四〇チェーン（約一五㎞）で、建設費（資本金）は二一〇〇万円と積算した。発起人は徳次のほかに、早稲田大学出身の阪本および池田龍一・浦辺襄夫・田中四郎左衛門・増田義一と前島弥であった。前島は、「日本の郵便制度の父」といわれる密の長男で、早稲田大学関係者が経営に参画している日清生命や日清印刷の取締役を務めており、大学での人的ネットワークを駆使したものであった。

徳次の計画は、大正六年一〇月二五日発行の『東洋経済新報』誌上で、石橋湛山の執筆により紹介され、その有用性が強調された。また同月に、徳次は野村龍太郎の勧めを受けて、帝国鉄道協会で「東京市の交通機関に就て」と題する講演を行なった。その中で、東京市の交通の現状を諸外国と比較したうえで、最大の課題である混雑の緩和はもとより、機能の拡充のためには地下鉄道の早期建設が最も重要であることを強く主張した。翌年の大正七（一九一八）年一〇月には、犬養毅の紹介により、交詢社でもほぼ同じ内容で講演している。これらにより、各界での地下鉄道についての認識・理解が進むところとなり、計画の実現に向けて大いにプラスとなった。この間、大正六年一二月二五日の東京市会参事会で、徳次の出願への賛成の答申が満場一致で可決された。翌七年二月四日には、東京府が鉄道院に対し出願への許可を進達した。これを受けて、徳次は鉄道院幹部への働きかけをさらに強めていった。

徳次による計画の認知と実現可能性の高さが浸透するにつれて、新たな建設計画が次々と浮上した。大正七年一一月に、岡田治衛武らによる武蔵電気鉄道が上目黒～渋谷～青山～永田町～有楽町間、翌大正八（一九一九）年一月に、利光鶴松らによる東京高速鉄道（資本金六〇〇〇万円）が日比谷公園～六本木～渋谷間ほか三路線、翌二月には、森恪・飯田義一らによる東京鉄道（資本金一億六〇〇〇万円）が渋谷～新橋～上野～浅草～南千住間ほか四路線を出願した。有力かつ著名な企業家たちによる大資本をもっての参入に、地下鉄道の建設という理想に燃えて昼夜を問わず精力的に活動してきた徳次はショックを受け、厳しい事態を憂いたという。

こうした中で、鉄道院は徳次の計画の実現に道筋をつけようとしていた。大正七年一一月に同院監督局長の佐竹三吾から、有力な発起人の追加、専門家による地質の再調査と建設費の再積算、軌間の変更が指示された。これは非公式な同院からの許可の内示とはいえ、徳次の計画が同院において一定の評価を得ていたことにほかならない。徳次は根津の支援を受け、直ちに発起人に安田善三郎（京浜電気鉄道社長）、大川平三郎（樺太工業社長）、山本悌二郎（台湾製糖社長）らこの当時の産業界の有力者二〇名を追加し、建設費は四〇〇〇万円まで増額し、地方鉄道法による一四三五㎜の標準軌間への変更を果敢に決断した。

しかし、産業界のリーダーのひとりで東京商業会議所会頭などを務める郷誠之助が中心となって、四社共倒れを防ぐためには計画の合同が必要であると主張し始め、その気運が次第に高まっていった。また東京鉄道の森が、根津をはじめ野村や山本を介して、徳次に二社合同を盛んに持ちかけた。

これらに対して、徳次は断固拒否の姿勢をとっていたものの、鉄道院副総裁の石丸重美も合同を要請してきたため、不本意ではあったが、徳次は、競願での敗北のリスクを回避すべく東京鉄道との合同を決意し、大正八年四月に両社間で覚書を締結した。

このような紆余曲折がありながらも、大正八年一一月一六日に、内閣総理大臣の原敬から敷設免許が下付された。免許状は全八条からなっていたが、この中で、地方鉄道補助法による補助を許可しない（第五条）という点と、東京市が買収する場合は拒否できない（第七条）という点に着目する必要がある。特に前者は、地方鉄道法により免許を下付された鉄道会社に対して、鉄道院が審査したうえで補助金を与える制度であるが、建設投資が大きく収益を圧迫されることが多い鉄道会社にとっては重要なものであった。免許の条件とはいえ補助金が認められないのは経営上相当の痛手であり、後者も含めて、徳次の地下鉄道事業におけるボトルネックとなり、徳次の企業者活動に加え、その命運をも大いに左右するところとなったのである。

免許下付の直後から、徳次は会社設立に向けての準備を本格化させた。まず、徳次自ら東奔西走した結果、発起人・賛成人を二三八名集めることができた。大正九（一九二〇）年二月二三日に第一回の発起人会を開催し、「東京地下鉄道株式会社」への社名変更と根津・山本・飯田の発起人総代への就任と、全八〇万株の内、一〇万株を公募することを決定した。同年四月から公募を着手するにあたり、良好な収支計画と一二％弱の配当を謳い、また、徳次をはじめ根津も募集に奔走したことが奏功し、同年三月の株価の暴落に端を発する景気の急激な悪化の中でも予想以上の人気を博し、一四万五二九三株の応募があった。

しかし、発起人・賛成人割当分の株式払い込みが一向に進まなかった。特に森や飯田をはじめとする東京鉄道の関係者は、人間関係の縺《もつ》れや同年三月に自社の免許が下付されたこともあり、払い込みにほとんど応じなかったため、資本金四〇〇〇万円での設立が困難となった。そこで、徳次と根津を中心に協議を重ね、資本金を一〇〇〇万円に変更することを決定した。

大正九年八月二九日に開かれた創立総会は、公募株主の中から会社解散を求める声が続出し、大混乱となった。これに対し、徳次や増田の必死の説明や議長を務めた根津の巧みな議事進行により、何とか会社創立が承認されるにいたった。トップマネジメントには、社長に逓信次官や鉄道会議議長などを歴任した古市公威、取締役に根津・増田・浦辺および榊田清兵衛（衆議院議員）・松方五郎（正義の五男）・横山俊二郎（金沢軌道興業社長）、監査役に池田・大川および星野錫（東京商業会議所副会頭）と各界の有力者が名を連ねた。徳次は常務取締役に就任した。相談役には、野村および東京市長時代に地下鉄道を計画し、その後徳次の求めに応じてアドバイスを行なっていた渋沢の娘婿である阪谷芳郎が推薦された。

4　地下鉄道の建設過程と浅草〜上野間の開通

会社設立を果たした後、徳次は地質調査と設計、原敬や鉄道大臣の元田肇、東京市長の後藤新平などとの交渉や地下鉄道の啓蒙活動など多岐にわたる業務に率先垂範して取り組んだ。地質調査と設計は、鉄道省から建設課長として招いた安倍邦衛が担当した。安倍はアメリカを視察したうえで、大正一〇（一九二一）年から一年間かけて地質調査を行ない、設計も進めた。翌大正一一（一九二二）年には、平和記念東京博覧会に模型を出品し、好評を得た。

一方で、調査・設計コストの増大や各期五％の建設利息配当の支出により、資金繰りは深刻の度を増していた。これに対し、徳次は野村や阪谷および根津を中心に相談役会を開催し、建設計画や資金調達などの戦略意思決定にあたっての重要事項を協議した。その中で、大蔵大臣や東京市長在任中から外資導入に積極的であった阪谷が、建設費の半分を外資から調達することを主張した。取締役会での決定を経て、大正一二（一九二三）年から阪谷が主導して、アメリカのセールフレーザー商会との交渉を開始した。結局、同商会とはまとまらなかったものの、その後アメリカのファウンデーション社から投資の申し出がなされた。同じく大正一二年七月に来日した同社社長のドーチーと徳次は交渉を重ね、関係機関の元利保証を伴わない二〇〇〇万円の融資の方針がほぼ決定し、帰国後に正式契約との運びとなった。しかし、ドーチーが帰国する九月一日に発生した関東大震災とその罹災状況を受けて、白紙撤回となった。

外資導入が頓挫し、株価も五円払込で二円四・五〇銭に下落するなど、東京地下鉄道はまさに会社存亡の危機に立たされた。大正一二年一〇月の取締役会で、根津が主張した経費の三分の二の縮減を行なう「会社籠城の方針」を取ることが決定された。また、同年一二月の取締役会では、大川が浅草〜上野間の建設を先行させることを提案し、了承された。徳次を支えるふたりの好判断により、事業の再構築に向かっていくこととなったのである。これを受けて、翌一三（一九二四）年三月の臨時株主総会で、社長に野村、新設した副社長に鉄道次官を務めた中川正左、取締役に大川が就任し、徳次が代表権を有する専務取締役に昇格することを決議し、体制がより強化された。そして、同年九月には、徳次の執筆による「将に起工せんとす東京地下鉄道の真相」と題するパンフレットを発行した。浅草〜上野間の収支計画をはじめ事業の有用性・将来性が強調されており、その存在意義を広くアピールするところとなった。

浅草〜上野間の建設の準備を進める中で、大倉財閥系の大倉土木（現・大成建設）が、工費は竣功後まで手形払い、またその利率は日本銀行の公定歩合に〇・三％上乗せとの条件で、工事を指名請負で引き受けたいとの提案を申し出て来た。その際、大倉財閥のリーダーの大倉喜八郎は、工事の成功と期日内の完成に不退転の決意で取り組むことを強く指示したという。

こうして、大正一四（一九二五）年九月二七日に、起工式が挙行された。奇しくも、同日は一〇〇

杉浦非水デザインのポスター

年前の一八二五年に、イギリスのストックトン〜ダーリントン間で世界初の鉄道が開通した日であった。徳次はその後、「自分の生涯において、最大の歓喜」と振り返っている。

建設工事は、路面から掘り下げる開削工法が採用された。工事は集中豪雨による出水やガス管への引火などに見舞われたものの、徳次の熱心な指揮や会社設立直後に入社し技術面の実務を担った遠武勇熊の尽力や、大倉土木や三菱商事など関係業者の協力でほぼ順調に進んだ。

建設工事は昭和二（一九二七）年一二月二日に竣工し、同月三〇日に日本初の地下鉄道として、浅草〜上野間二・二kmが開通を果たした。徳次の決断で、車両・設備は当時としては画期的なものを惜しげもなく導入した。動力は私鉄初の第三軌条式を採用し、車両は一六ｍの全鋼製車で、全車にドアエンジンと車内には間接照明が施された。また、自動列車停止装置も配備された。浅草〜上野間は一〇銭均一で、両駅と途中の田原町・稲荷町駅の改札にはターンスタイルが設けられた。三分間隔の運転で、浅草〜上野間の所要時間は四分五〇秒であった。また、杉浦非水のデザインで「東洋唯一の地下鉄道」とのキャッチコピーを付したポスターは当時たいへんな話題となったが、このポスターをアレンジしたのが、昭和二年六月に望月清矣が起ち上げ、その後地下鉄道車内・駅構内の広告取扱の一手代理店となったアングラ社（現・春光社）である。乗客数は、開業当日は約一〇万人、翌々日の昭和三（一九二八）年一月一日は約一五万人、同年五月末にかけて一日平均約三万一〇〇〇人を数え、大いに活況を呈したのである。

5　新橋への延伸と事業展開

その後、浅草〜上野間の業績は、次第に頭打ち状態に陥った。理由としては、わずか二・二㎞の路線は遊覧的色彩が強く、交通機関としての実用性には乏しかったことがあげられる。業績好転のためには、早期の上野からの延伸が必要不可欠であった。神田川など複数の難工事箇所があったものの、徳次のもとで遠熊や鉄道省の技術者出身で取締役支配人となっていた愛甲勇吉を中心に、これらを克服して工事を推進し、昭和五（一九三〇）年一月に万世橋、翌六（一九三一）年一一月には神田まで開通した。

徳次の事業展開の中で、特に百貨店との連携を重視したことに注目すべきである。そのきっかけは、大正一五（一九二六）年三月に三越百貨店（現・三越）が日本橋本店への駅の併設を要請したことであった。その後交渉を進めた結果、建設費は三越側が全額負担する一方で駅名を三越前とすることで合意した。昭和六（一九三一）年三月に駅設置契約を締結し、翌七（一九三二）年四月には神田～三越前間が開通した。駅構内にエスカレーターを建設するなど、建設費および権利金は七〇万円と当時報じられた。この間、松坂屋からも要請を受け、上野～万世橋間の建設の際に、上野店に併設する上野広小路駅を松坂屋の大半の負担で設置した。その後、日本橋駅は高島屋と白木屋、銀座駅は三越百貨店と松屋が協力して建設することとなった。昭和七年一二月に三越前～日本橋間が開通するにあたり、各百貨店と連携して「デパート巡り乗車券」を発売した。上野広小路～日本橋間が一三銭で三回の乗り降りが可能であった。

さらに、徳次は乗客や百貨店利用客および沿線住民をターゲットとした新たな事業への進出を計画した。昭和四（一九二九）年に日本初のターミナルデパートとして梅田駅に阪急百貨店を開店して成功を収めた阪神急行電鉄（現・阪急電鉄）のリーダーの小林一三に相談したところ、同店での研修をすすめられた。これを踏まえ、同年の大正四年一〇月に浅草雷門に「地下鉄食堂」を開店し、好評を博した。次いで、徳次は「我が地下鉄道は市内枢要の地点に停車場を設け、出入口をつけるのであるから、そこに商店を建設して連鎖的に経営すれば必ず電鉄事業の副業として最も有利なものとなる」（東京地下鉄道株式会社編『東京地下鉄道史　乾』）との構想をまとめた。そこで、調査課長兼事

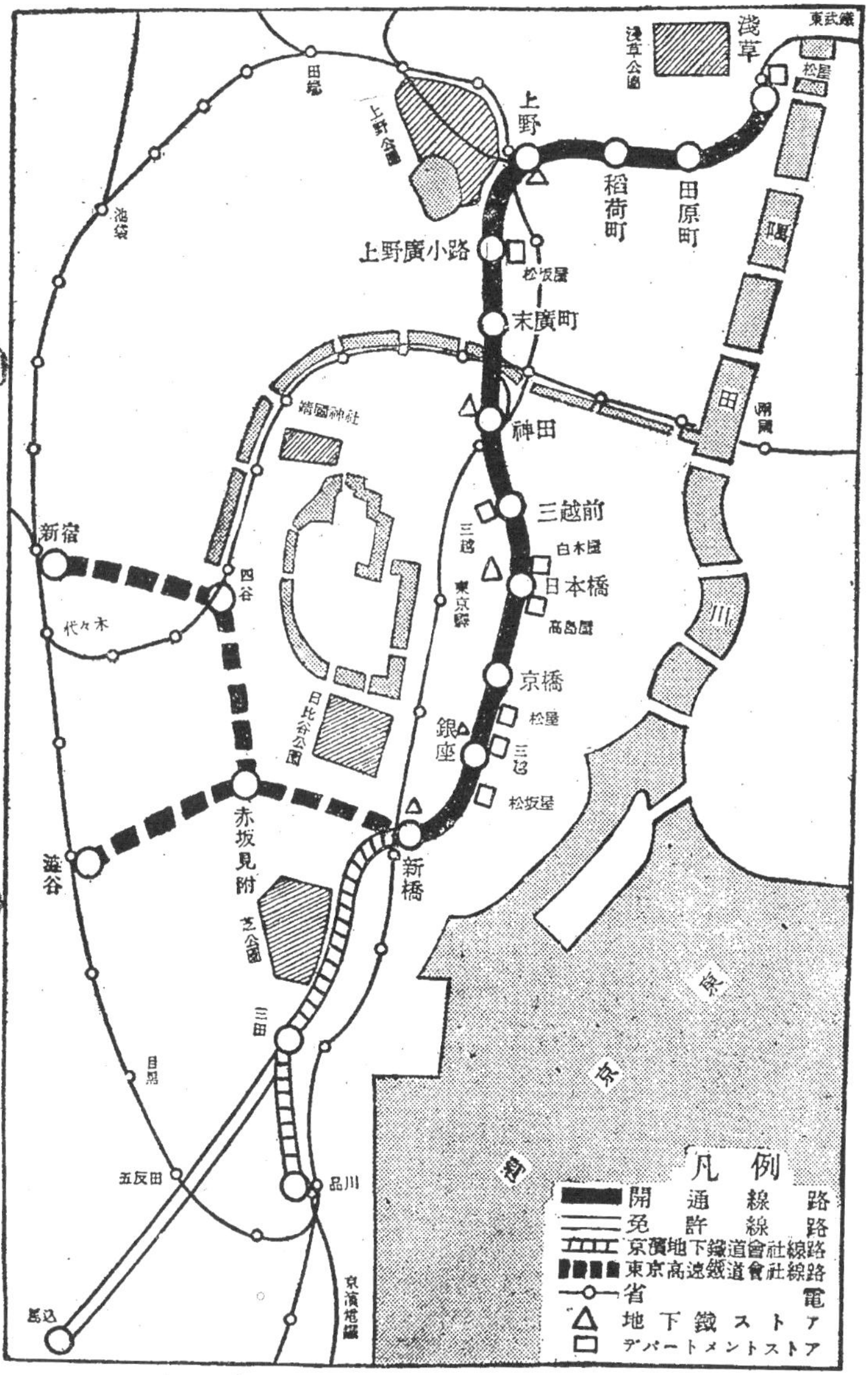

東京地下鉄道路線図
東京地下鉄道株式会社『第参拾四回営業報告書』（昭和12年下期）

業課長の中島孝夫をアメリカに派遣し調査を行なったうえで、昭和六年一二月に「地下鉄ストア」を上野に開店し、食料品や日用品を販売した。続いて、須田町・室町・日本橋・銀座・新橋にも出店し、「チェーンストア」としての業態を確立した。両事業は多角化戦略として一定の成果をあげ、東京地下鉄道の業績向上に寄与した。

加えて、徳次は「地下鉄道は住宅の経営と、人生を端的に享楽し得る娯楽機関の設備とを兼ね、始めて大都市の交通機関としての本当の使命を果す」として、昭和三年五月に免許を受けた三田～五反田～池上間の路線で、池上本門寺付近を「地下鉄道を掘つた土を以て埋立て之に住宅と娯楽機関の経営をやつたらよからう」（信用調査講究会での講演：昭和一〇年（一九三五）三月二五日）と、多角化戦略をさらに推進するための新たなアイディアを有していた。

地下鉄道建設のための資金調達は、東京地下鉄道の経営における重要課題のひとつであり、徳次は奔走と苦闘を強いられていた。これに対して、地下鉄道に理解を示す金融機関が救いの手を差しのべた。昭和三年に山一証券と三井・三菱・安田信託が共同で五〇〇万円の社債を発行した。七年には、日本興業銀行総裁の結城豊太郎の「地下鉄事業はどうしても助けねばならぬ」（「ダイヤモンド」昭和一二（一九三七）年三月一日）との強い意向から、三井・三菱・住友・安田信託とともに融資連盟（シンジケート団）を結成して、同行設立初の第一担保の開放を断行し、一一〇〇万円を融資した。さらに、同行と三井・三菱・住友・安田・鴻池信託が協調して、昭和九（一九三四）年に一二〇〇万円、翌一〇（一九三五）年に五〇〇万円の社債を発行した。信託会社の中では、特に三井信託社長の米山梅吉が社内の反対を押し切って融資を断行したとされる。地下鉄道の有用性と将来性を強く認識していた結城や米山の決断により資金提供が実現され、新橋までの工事がスムーズに進展したのである。

昭和七年一二月に三越前～京橋間が開通し、二年後の九年三月に銀座、六月二一日には新橋まで延伸して、開業から六年半を経て、浅草～新橋間八・〇㎞の全通が実現された。同年下期の東京地下鉄道の『第弐拾八回営業報告書』は、「本区間ハ大東京の『シヨツピングセンター』ナルヲ以テ新橋駅開業後ハ高速度交通機関トシテノ機能ヲ名実共ニ発揮シ、旅客ニ便宜ヲ与ヘ併セテ交通事業ニ貢献スルコトヲ得タルハ、予期セル処トハ云ヘ洵ニ欣快ノ至ナリ」と述べ、全通の喜びと高速交通機関としての機能の向上を強調している。

6　新たな事業拡大と五島慶太との主導権争い、そして晩年

浅草～新橋間全通後、徳次は新たな収益源を確保するために、バス事業への進出を決意した。東京市内最大のバス会社である東京乗合自動車の専務取締役である石崎石三から同社の株式約八万七〇〇〇株を取得して筆頭株主となり、昭和一〇年四月に徳次が社長に就任した。東京地下鉄

道と東京乗合自動車とは路線が競合していたが、運行の効率化や共通回数券の発行により、両社の収益アップに貢献した。同年一二月には、西武鉄道（現在の西武新宿線などのルーツ）から新宿～荻窪間の軌道線と中野～追分～荻窪間のバス路線の経営委託を引き受けた。これにより、荻窪～新宿間と築地～茅場町間という東京市内中心部を横断する路線を獲得し、直通運転が可能となった。昭和一一（一九三六）年四月に東京乗合自動車と城東電気軌道が合併し、翌一二年四月には葛飾乗合自動車の経営権を獲得するなど、市内東部へも路線が広がった。

同年の昭和一二年一二月には、東京地下鉄道と東京乗合自動車が合併した。これにより、地下鉄道および東京市内全域の路線・遊覧バスを有する企業として、事業規模・範囲の拡大を果したのである。

さらに、徳次は経営の新機軸の確立を目指し、京浜電気鉄道と湘南電気鉄道とを連携して、新橋～品川間の新線建設を計画した。昭和一二年三月に、京浜地下鉄道を設立した。新橋と品川をつなぐことで、東京～川崎～横浜～横須賀～浦賀間を結ぶ「一大高速交通体系」の構築を目的とした。同社設立には、日本興業銀行が支援している。徳次の構想は壮大であったものの、日中戦争下の物資統制等の影響のため、実現にはいたらなかった。

昭和に入って以降、徳次の東京地下鉄道以外にも、東京市内での地下鉄道建設計画は複数存在し、東京市も独自で建設する方針をもっていた。このうち実現に向かったのが、大倉財閥で実務を統括していた門野重九郎と脇道誉が中心となった東京高速鉄道である。東京高速鉄道は、昭和六年に、東京市が保有していた渋谷～東京駅前間、新宿～築地間の免許の譲渡に成功した。そして、昭和九年九月に資本金三〇〇〇万円で会社を設立し、社長に門野、実務を担う常務取締役に五島慶太が就任した。五島は鉄道院出身で、大正九年に退官後に実業界に転じ、目黒蒲田電鉄および東京横浜電鉄の専務取締役を務め、両社の事実上のリーダーであった。五島が鉄道院監督局の在任時に、東京地下鉄道の出願・審査が行なわれており、その当時から五島は徳次の建設計画に賛意をもっていたと後に述懐している。

五島は渋谷～新橋間の建設から着手することを決意し、東京地下鉄道に対して、相互乗り入れを打診した。これに対し、徳次は全く応じようとしなかった。五島は根津や小林一三などの協力を仰ぎ、徳次もやむをえずこれを受け入れ、昭和一〇年五月に、レールを連結させて両社線間の二分間隔での直通運転の実施、翌一一年五月には、新橋駅の連絡工事についての協定を締結した。しかし、徳次は両協定を履行しようとせず、東京高速鉄道の新橋駅の建設に際して、東京地下鉄道新橋駅側の直立壁の撤去を拒み続けた。

五島は徳次に度々交渉を試みたが、徳次の拒否の姿勢は変わることがなかった。そこで、五島は東京地下鉄道の経営権の掌握が必要不可欠であると決断し、昭和一一年以降、株式市場での東京地下鉄道株の購入に着手した。これに対し、徳次も自社株式の購入をすすめた。

こうした中で、五島は京浜電気鉄道の筆頭株主の内国貯金銀行と接触し、同行と頭取の前山久吉サイドが所有する同社の約七万株の取得に成功し、昭和一三（一九三八）年に、東京高速鉄道が筆頭株主となった。さらに、翌一四年には京浜電気鉄道会長の望月軍四郎サイドの保有株式の譲渡を受けて経営権を掌握した。同社と関係が深い東京地下鉄道には痛手となった。

徳次と五島の「株式争奪戦」は一進一退の状況がその後続いた。ここで鍵を握ったのは、東京地下鉄道監査役の穴水熊雄である。穴水は、同社の大株主である大日本電力および北電興業の社長を務めていた。昭和一四年に五島は穴水への働きかけに着手した。この一方で、経営方針をめぐる徳次と穴水をはじめとするトップマネジメント間の対立が表面化し、また、不透明な決算への批判が高まっていった。そしてついに同年八月に、五島は穴水サイドから約三五万株の譲渡を受けることに成功した。徳次や従業員は強く反発して社内の結束を図ったものの、社内各層で五島を支持する勢力も台頭し、社内の統制ないしコントロールが不全に陥った。

この間、昭和一四年九月一六日に、東京地下鉄道と東京高速鉄道との浅草～渋谷間一四・三㎞の直通運転が開始された。路線としての利便性は大きく向上したものの、両社間の対立は深刻の度を増していった。

昭和一五（一九四〇）年一月に根津が急逝して徳次が社長に就任すると、株主の多数派工作が激化し、三月にはそれぞれで株主大会が計画された。こうした事態を憂慮した鉄道省は、大会の中止を強く要請するとともに、八田嘉明・宝来市松・利光鶴松に調停案の作成を依頼した。同案には、徳次と五島の辞任が盛り込まれた。そして同年八月にそれぞれが調停案を受託し、徳次は社長を辞任して相談役に退いた。さらに一二月には、相談役も退任することとなった。なお翌一六（一九四一）年六月には、両社が統合して帝都高速度交通営団が発足している。

その後、徳次は以前から興味があった青年教育を推進すべく、故郷で修業場の建設を開始した。しかし完成を見ぬまま、昭和一七（一九四二）年一一月二九日に六一歳で死去した。

第12章

五島慶太

◎

高嶋修一

はじめに

五島慶太といえば東京急行電鉄あるいは東急グループの実質的な創業者であり、一九二〇年代からおよそ二〇年のうちに一代で巨大企業集団を作り上げた人物として知られている。また、事業拡大の過程で数多くの企業を買収・合併し、場合によってはライバル企業の敵対的買収をも断行したことでも有名であり、その手法が強面の人物像とあいまって「強盗慶太」の異名を取るにいたったことなども、改めて説明を要さないであろう。

五島の伝記は、彼が老境に達した一九五〇年代以降、盛んに刊行された。その足跡を知るには、自著『七十年の人生』（要書房、五三年）や三鬼陽之助『五島慶太伝』（東洋書館、五四年）を紐解けばよいし、一九八〇年代になって刊行された猪瀬直樹『土地の神話』（小学館、八八年）のように、やや批判的にその事業を論じる作品もある。太田次男『もう一人の五島慶太伝』（勉誠出版、二〇〇〇年）のように、五島の前半生における人格形成過程と後半生における教育事業という、従前と異なる側面に焦点をあてた成果もあり、五島慶太論はすでに一定の深みと広がりを持っていると言ってよい。

ここでは紙幅も限られているので、五島の生涯を概観しながら、従来あまり顧みられることがなかったか、あるいはなお検討の余地がありそうなトピックを強調して論じてみたい。それは、①鉄道官僚時代の五島、②住宅開発手法の変遷、③交通調整へのかかわり、の三点である。

1　鉄道官僚としての五島慶太

五島慶太は一八八二（明治一五）年四月一八日、長野県小県郡殿戸村（現青木村）の小林家に生まれ、満三〇歳を前に結婚するまで小林慶太として過ごした。本人は「水呑百姓の次男」と称していたが、村では有力な資産家であり、兄の虎之助は後に村長、ついで県会議員を務めている(1)。本人も早い時期から立身出世を志し、中学校三年の春（一八九六年）、将来は大臣になろうと思ったという(2)。これは、一九四四（昭和一九）年に運輸通信大臣就任という形で実現することになる。一九〇〇年に中学を卒業した後は、小学校の代用教員をしつつ上京を準備し、一九〇二年に東京高等師範学校に入学、〇六年に同英語部を卒業して三重県立四日市商業学校の英語教員となった。だがこれに飽きたらず〇七年に東京帝国大学撰科に入学し、まもなく第一高等学校卒業検定試験に合格して本科に入学した。一一年、法科大学政治科を卒業し農商務省に入省、同年、高等文官試験に合格している。一二年、久米民之介（皇居二重橋や多数の鉄道工事を手がけた土木工学者）の長女・萬千代

五島慶太　三鬼陽之助『五島慶太伝』東洋書館、1954年より

との結婚を機に、久米家の縁戚にあたる五島家に入り、改姓した。

だが、農商務省では行政整理による高等官ポスト削減に遭い[3]、「しびれを切らし」[4]たことから一三年に同省を辞し、当時内閣直轄であった鉄道院に移った。東京帝大在学時に寄寓した加藤高明の斡旋であったという。最初は総裁官房勤務であったが、まもなく私鉄監督を任とする監督局に転じ、一四年、高等官七等に叙せられた。一五年には副参事、一七年に参事となっている[5]。五島は総務課に配属されていたが、さらなる昇進を狙って、同期で後に鉄道次官となる喜安健次郎らと図り、直属の局長と課長をそれぞれ逓信次官および局長に転身・昇格させた上で自分たちが課長におさまろうとした[6]。この働きかけは成功し、一八年に五島は総務課長、喜安は業務課長となった。

このエピソードには続きがあって、当初は五島のみ課長心得とされたのが気に食わず、稟議書を回す際に「心得」の二字を抹消の上押印していたところ、それが次官の目にとまり正式に課長となったという[7]。ただ、管見の限り「五嶋」の印判が捺された当時の鉄道省文書で、「心得」を抹消した書類は目にしたことがない。というより、「心得」の二文字は初めから記されていない。したがって、この話は後年つくられた伝説と断ずることはできないにしても、別の話が若干誇張されて伝わった可能性はあろう。

ところで、五島が担当した私鉄の監督行政は、その任官の少し前から変革を迎えていた。一九〇六～〇七年の鉄道国有化を期に、私鉄の役割は幹線輸送から局地的な地域輸送に移っていた。

従前の監督法規であった私設鉄道法は実態に見合わないものとなり、一〇年に免許基準や手続きを大幅に緩和した軽便鉄道法が公布された。両法は一九（大正八）年に統合されて地方鉄道法が成立するとともに、一八年には軌道条例が改正され、それまで内務省の専管であった軌道が鉄道省との二重監督となり、軽便鉄道や地方鉄道に準じた扱いとなった。

当時、鉄道院監督局の高等文官は五名程度に過ぎなかったから、[8]五島はこれらの制度変革の当事者のひとりであったことになる。一八年、五島は『帝国鉄道協会会報』に「軽便鉄道補助法の改正」（第一九巻四号）と「軽便鉄道法及軌道条例の改正」（同六号）という法令改正の解説記事を執筆している。前者は補助金額の決定材料となる公式営業費算定法の改定について、後者は既発行株式の満額払い込み前に増資を可能とする制度変更についてそれぞれ述べたもので、いずれも私鉄経営に対する優遇的な措置であったと言ってよい。

このように、私鉄産業への参入が制度的に容易化していたところに第一次世界大戦が勃発し、国内は未曾有の好景気に沸き立った。五島もまた、監督者の立場から私鉄業界の隆昌を目の当たりにしたはずである。例えば総務課長となった一九一八年頃には大阪電気軌道が西大寺〜橿原神宮間の延長を申請していたし、同社系列の参宮急行電鉄も伊勢へ抜ける路線を申請していた。[9]同年に札幌近郊の定山渓鉄道が開通した際には、五島自身が開通式に参列している。[10]いずれも後年、経営陣のひとりに加わった鉄道であった。

だが、中でも際立っていたのは東京の人口増と都市圏の拡大、交通需要の増加であった。少し後に五島自身が書いた「東京市及其の近郊に於ける交通状態に就て」[11]によれば、「大正三十二年」つまり一九四三年に達成すると予測された運輸数量は、早くも一八年から一九年頃にかけて達成された。ちょうどこの頃、東京で東洋初の地下鉄建設に向けて熱心に運動していた早川徳次が佐竹監督局長をしばしば訪ねており、総務課にあった五島も接触の機会をもったという。[12]

五島がいつから大都市の交通問題や電鉄経営に関心を抱くようになったのかは明らかでない。学生時代に交通論の講義を熱心に聴いたという話もあるし、任官間もない一四年頃、警視庁交通課長だった石井光次郎のもとに出向き、仕事ではなく、自分自身の勉強のためといって東京市における交通関係の統計や資料を閲覧のできるよう要請したというから、[13]事実であれば相当早い時期から関心を抱いていたことになる。だが、細部まで知悉するようになったのはやはり官僚としての経験を通じてであろう。

五島自身は後年、「役人をしている間は、これは偉い人だ、この人のいうことならなんでも聞かなくつてはならないと思つた人は一人もなかつた」と言い放ち、[14]さらに「官吏というものは、人生の最も盛んな期間を役所の中で一生懸命に働いて、ようやく完成の域に達する頃には、もはや従来の仕事から離れてしまわなければならないものだ。若い頃から自分の心に適つた事業を興して、これを育て上げ、年老いてその成果を楽しむことの出来る実業界に比較すれば、こんな官吏生活はいかにもつまらない」と述懐しており、[15] みずからの官僚時代に重きを置いていない。その言葉通り、鉄道院の鉄道省昇格を目前にした一九二〇年五月、五島は官を辞し、武蔵電気鉄道の常務に天下った。

だが、官僚時代の七年間は、五島にとり電鉄経営の準備期間として一定の意義をもったと考えられる。右に挙げた「東京市及其の近郊に於ける交通状態に就て」は退官後の二三年に書かれたものであるが、その内容は、東京市ではパリ・ニューヨーク・ベルリンなどに比べて道路や鉄軌道が少なく、混雑が問題になっていること、市電の輸送力が限界に達していること、鉄道省の電車運転が一定の成果を挙げていることなど、一事業者の経営者という立場を超えた指摘を行なった上で、都心部の地下鉄をはじめとする新しい交通機関の整備を期するというものであった。こうした大局的な観点が、五島自身が自負したように企業家としての優越性になったのであるとすれば、それは官僚時代に培われたものであったと言うべきであろう。

2　電鉄経営と関連事業の展開

五島慶太が常務として乗り込んだ武蔵電気鉄道は、一八九〇年代半ばから東京市街と西南郊とを結ぶ鉄道を構想していた[16]実業家の岡田治衛武らによって、一九〇七年に設立された。同社は一一年に広尾（東京）〜平沼町（横浜）間の私設鉄道仮免許を取得して以降、東京市内への延長線網や調布

〜蒲田間の支線など二〇線もの計画を立てていたが、いずれも着工にいたらないまま、一七年に私設鉄道免許のすべてを失効した。このときに鉄道院との間で「妥協案」[17]が成立し、以前に城南鉄道という会社から譲受した麻布二ノ橋〜広尾間の軽便鉄道免許を存置した上で、その延長線として再度渋谷〜横浜間および蒲田・新宿方面の支線につき軽便鉄道免許を得るという便法を用いて敷設権を維持したのである。鉄道院側の当事者は五島であり、同社の事業計画や経営状態について知る機会を得たはずである。一九年一二月、武蔵電鉄の経営陣は全員引退し、東京株式取引所理事で財界有力者だった郷誠之助らに交替した。五島退官半年前のこの出来事に関する詳細は明らかでないが、第一次大戦後の好景気に加えて地方鉄道法や都市計画法なども公布され（一九年）、都市鉄道経営の環境が整いつつあったのは事実である。しかし、その後の半年間で経済状況は一変した。二〇年三月の東京株式市場大暴落に始まった恐慌の中にあって、武蔵電鉄は開業できないままさらに数年を経過することとなった。

この頃、近接した場所でもうひとつの鉄道計画が進められていた。イギリスの田園都市に倣い郊外住宅地造成を計画していた田園都市株式会社が、造成地の交通手段として荏原電気鉄道名義で大井町〜調布間および洗足〜目黒間の鉄道を計画し、それぞれ二〇年と翌二一年に免許を得たのである。この免許はすぐに田園都市本体に譲渡されたが、二二年に目黒蒲田電鉄として再度分離した。この時に取締役として入社し、翌月に専務に就任して事実上のトップとなったのが五島であった。

五島を推挽したのは、阪神急行電鉄の経営者で鉄道経営について田園都市から指南を仰がれていた小林一三であった。その魂胆は武蔵電鉄が保有していた洗足～蒲田間の免許を得ることにあり、ために五島を引き込んだとも言われている。(18)いずれにせよ同区間の免許譲渡は同年中に実現し、目蒲電鉄は二三年に目黒～丸子多摩川～蒲田間を開業した。大井町～調布間の計画を変更して大井町～大岡山間を開業したのが二七年、大岡山～二子玉川間を開業したのは二九年であった。

目蒲電鉄の開業で実業に乗り出した五島は、未開業のままになっていた武蔵電鉄の経営権掌握を企図し、郷に内密で同社の株式を取得した。こうして二四年には全役員を目蒲電鉄系に交替させ、みずからは常務ついで専務に就任するとともに、商号を東京横浜電鉄と改めた上で本社を目蒲電鉄と同所に移転し、経営の一体化を図ったのである。東横電鉄は二六年に丸子多摩川～神奈川間を、翌二七年に渋谷～丸子多摩川間を開業した。桜木町まで開業したのは二九年であった。

五島はこの頃から積極的な事業拡張を行なった。二三年には代々木乗合自動車の取締役に就任し、自動車事業に進出した。二九年には東横電鉄がエビス乗合自動車と代々木乗合自動車を傘下に収め、両社を合併して東横乗合と商号を改めた。目蒲電鉄も三二年に大森乗合自動車を買収し、翌年には新たに目蒲乗合を設立した。その後は両社とも直営または系列会社を通じて自動車事業を拡大した。電鉄業においては株式取得によって五反田～蒲田間の池上電気鉄道の経営権を掌握し、三三年に同社を目蒲電鉄に合併した。

五島の経営の特徴は、小林一三に倣った電鉄沿線における付帯事業展開にあった。娯楽産業では二四年に多摩川園を設立してみずから社長に就任したほか、等々力および駒沢に目蒲電鉄直営のゴルフ場を開業した。綱島温泉浴場や田園テニスクラブなどは東横電鉄の経営であった。また、三四年には渋谷の東横食堂（二七年開設）を発展的に解消してターミナルデパートである東横百貨店を開業した。

二四年の府立第八中学校および東京高等工業学校に始まる学校誘致は五島独自の戦略であったという（後者は田園都市と帝都復興局との間の汚職事件に発展した）。三四年には慶應義塾大学予科の日吉移転に際して敷地の寄付と買収の斡旋を行ない、その後も東京府立高等学校、昭和女子薬学専門学校、青山師範学校などを沿線に誘致した。

付帯事業の中で最も大きなウェイトを占めたのは、これも小林に倣ったとされる沿線の宅地開発であった。東急は目蒲・東横時代よりこれを「田園都市業」と称していた。ただ、その名の由来であるイギリスの田園都市は、大都市ロンドンから一定の距離を隔てて立地する職住近接型の衛星都市を目指したものであり、資本主義経済に対する一種の修正の試みとして提唱されたのに対し、日本の「田園都市」は民間企業による営利事業の展開とともに形成され、結果的には大都市圏外縁部に位置するベッドタウンとしての役割に終始することになった点が異なっていた。猪瀬直樹は、そうした変質の画期を二八年に実施された目蒲電鉄による親会社・田園都市の合併に求め、これを五島による田園都市の壟断《ろうだん》であったと評価している。[19] 当事者の意図はどうあれ、目蒲・東横両電鉄、そして後の東急において田園都市業が鉄道業の支えとなり、事業の大きな柱となったのは事実であった。[20]

ただ、実際の事業の展開過程を見ると、その成長が必ずしも当初から約束されたものというわけではなかったことも窺える。例えば開発用地の取得は事業の大枠を決定する重要な要素であるが、それは必ずしも容易なことではなかった。田園都市はその初期においては、まとまった用地を地主から買収するという単純な方法を採ったが、すぐに価格の高騰に直面した。一八年頃に行なった東京府荏原郡の碑衾村、馬込村、平塚村にまたがる洗足地区の土地買収の際には、当初坪あたり二・三円であったのが、たちまち八～一五円にまで上昇した。[21] にもかかわらず同社は二〇・一万坪の多摩川台地区を含む三〇万坪以上の土地を分譲し、最終的に莫大な利益を獲得したのであるが、その後、この手法は通用しなくなった。田園都市の成功が近隣の地主を刺激し、一九二〇年代以降、彼ら自身が組合を結成して耕地整理や土地区画整理により宅地造成をするようになったためである。大規模敷地の一括買収は事実上不可能となり、開発業者はそれらの組合に一組合員として加わり、利益の配分にあずかるほかはなくなった。

これを例えば東京西郊の荏原郡玉川村（現世田谷区内）で活動した玉川全円耕地整理組合の場合でみると、東横・目蒲・池上・玉川の各電鉄が、それぞれの地区で一定程度の土地を所有していたこ

地区名	整理実施年	全体面積（坪）	企業	整理前面積（坪）	整理後面積（坪）
諏訪分	1934	150,918	池上	236	0
			東横	11,257	8,885
			目蒲	5,209	6,190
奥沢西	1938	259,525	目蒲	7,927	6,056
			東横	540	624
奥沢東	1941	237,931	東横	13,458	10,164
等々力中	1949	203,630	東急	142	0
瀬田中	1952	116,112	東急	1,241	681
等々力南	1951	175,653	東急	472	408
野良田	1952	333,319	東急	583	226

表　玉川全円耕地整理組合における東急系企業の土地所有

解説：同組合は約1000ha（300万坪）の施工区域を15地区に区切って耕地整理を実施した。本表ではそのうち土地所有者の氏名が判明する地区について表示している。

出典：玉川全円耕地整理組合関係文書（世田谷区立郷土資料館蔵）

註：鉄軌道用地を除く。

とが判明するが（表参照）、田園都市時代に比べ開発規模の縮小は免れ得なかった。二七～三九年度における目蒲電鉄の分譲地は合計一〇万坪程度に過ぎず、一件あたりの開発規模も一万坪を超えるものは僅かであった。東横電鉄は二六～三九年度で合計二八万坪強を分譲し、目蒲電鉄を上回りはしたが、開発の規模は最大の小杉住宅地でも約二・九万坪に過ぎなかった。

だが、地主の側をみると、組合の運営は必ずしも順調でなかったのが実状であった。彼らは整理後の土地の一部（保留地）を売却して工事等のために借り入れた資金を返済しなければならなかったのだが、もともと売却のチャンネルやノウハウを欠いていたことに加え、二〇年代から三〇年代初頭の不況にも見舞われ、組合が経営難に陥ることもしばしばあったのである。

玉川全円耕地整理組合（1930年頃）

1　諏訪分区
2　奥沢東区
3　奥沢西区
4　等々力中区
5　等々力南区
6　野良田
7　瀬田中区
a　池上電気鉄道
b　目黒蒲田電鉄
c　東京横浜電鉄
d　玉川電気鉄道

玉川全円耕地整理組合でもそのような現象が見られたが、やがてその中から新たな動きが出現するようになった。事業を一括して請負に付したり、工事費を現物の土地で支払ったり、開発業者に対してまとまった保留地の分与を約束し、その代金をあらかじめ徴収して運転資金を得るなど、資金繰りのリスクを回避するさまざまな方法が採られるようになったのである。これは、保留地を受け取る開発業者の側にしてみれば、まとまった土地を計画的かつ割安に入手して、開発・分譲することが再び可能になったことを意味した(22)。玉川全円耕地整理組合でも、こうした方法で東横電鉄や玉川電鉄が開発に与った形跡が見られる。

第二次大戦後、東急はこうした手法を洗練・開花させた。それが、五三年以降取り組んだ城西南新都市の開発であった。ここで採った方法は「東急方式」と称し、区画整理組合と契約して、事業のすべてを一括代行する代わりに、造成後の保留地を排他的に受け取るというものであった。これによって東急は開発の主導権を握ることが可能になったのである。最初の事例であった野川第一地区土地区画整理組合（施工面積約六・七万坪）のケースでは代行契約金を八二〇〇万円相当と換算して、約一・五万坪の保留地で受領し、うち一・三万坪を六〇年度に売却した。その価格は約一億三九二〇万円であった[23]。東急はその他の地区でも同様の手法で開発を進め、造成した郊外住宅地に多摩田園都市と名付けた。

ここへの交通機関として五島は当初、有料高速道路を構想したが、結局は溝の口まで開業していた大井町線を延長して鉄道を建設することとした。こうして六三年に路線名称を田園都市線と改め、六六年に溝の口〜長津田間を開業したのである。同線はその沿線開発手法も含めて文字通り戦前からの延長上に建設されたと言えよう。

3 交通調整と大東急の成立

再び時間を戻そう。一九三八年四月、「公益ノ増進ヲ図リ陸上交通事業ノ健全ナル発達ニ資スル」ことを目的とした陸上事業交通調整法が公布・施行された。同法は交通事業者に対し、主務大臣が合併や運賃変更などを勧告・命令することを可能にしたもので、企業経営に対する政府の規制を強化するものであった。

同法制定の背景となったのは、次のような事情であった。ひとつは、交通事業が私企業による自由競争の原則の下で急速に発展した結果、並行区間であるにもかかわらず事業者ごとに運賃が異なったり、地域によって設備や賃率に差が生じたりして、「公益性」が損なわれているとされたことである。また、そうした競争が二重投資をもたらし、国民経済上の損失となっていること、事業者間で軌間や電圧が異なり、直通運転や車両の相互融通に支障をきたしていることなども問題とされた。

これは、第一次大戦後に同様の問題が生じたロンドンやベルリンなどの大都市に倣った動きであった。これらの都市では市内交通を一元的に経営する特殊法人の設立や、国鉄を含めた運輸協定の締結などが実施されていた。日本における交通調整の議論は一九二〇年代から行なわれたが、三〇年代半ばになると、鉄道同志会（私鉄の業界団体）や、東京商工会議所（財界の利害を代表）、都市研究会（内務省系の都市計画関係者団体）、東京市などが具体策を論じるようになり、やがて国政レベルの課題となった。

同法に基づき、鉄道大臣の諮問機関として交通事業調整委員会が設置され、まずは東京都市圏の交通調整について協議することとなった。議論の焦点は、大きくふたつあった。ひとつは、調整の対象範囲である。これは、旧東京市域一五区内の範囲内で事業の合同を行なうにとどめる小統制案と、おおむね半径三〇㎞圏内の郊外をも含む大統制案とがあった。いまひとつは、統制後の所有および経営形態である。当時の議論では、調整区域内を一元的に経営する半官半民の特殊企業を設立する案と、東京市が一元的に経営する案とが有力で、他に国有国営案や私有私営案などもあった。五島は民間事業者の立場から同委員に就任した。彼の意見は、委員在任中の三九年九月に勧業銀行で行なった講演の記録から確認できる。(24)

まず範囲については、小統制を支持していた。当時は大統制こそ理想との意見が非常に強く、五島もあえてそれに異を唱えることはしなかった。だが、郊外は競争が旧市域ほど激しくないこと、不況期と異なり、三〇年代半ば以降は景気も回復して個々の事業者の経営も安定していること、大統制は集約的経営が出来ないおそれがあることなどから、まずは小統制を行ない、次いで大統制に進むべきとしたのである。

これは、理想は大統制だがまずは小統制をという理屈であるが、それが五島の本音であったかどうかは疑わしい。彼が小統制を支持した論拠の中には、上に挙げた以外に省線電車の参加問題があった。国鉄線では通勤用の省線電車と長距離列車とが同一の施設を使用しており、鉄道省は、前者のみを分離するのは技術的に困難であるとして、当初合同に消極的であった。五島はこれを受け、郊外路線の重要な部分を占める省線電車を抜きにしての大統制では効果が薄いとして、小統制支持の論拠としたのである。だが鉄道省は、ある時期から省線電車が合同に参加するのもやぶさかではないとするようになった。

五島が本当に大統制を理想としたならばこれを歓迎しても良さそうなものであったが、事実は逆であった。鉄道省が合同に参加すると経営の「心臓」を省の手に握られてしまい、実質的な変化は生じないから、省線電車は従来のままとして旧市内だけの小統制を実行するほうが現実の必要に即している、と反発したのである。経営の心臓を握られる、というのは、省線電車が合同に参加する条件として、合同後の営業を省に委託することを条件に掲げたことを指していた[25]。これでは確かに意思決定の大部分が鉄道省の下でなされることになる。とはいえ五島は、この時点では、鉄道省がどうしても参加するなら、あえて反対にはおよばないとしていた。

次に所有・経営形態であるが、所有形態の如何にかかわらず、その経営については民営が望ましいとしていた。これは東京市の市営論を意識したものであった。五島は、市営の欠点として、担当者が一年〜一年半で交替する上に市会の動向に影響を受けやすい点を指摘していた。そのため、「経営者が真剣になり得ず、総花主義、御機嫌取りの経営を余儀なくせられる」[26]と批判したのである。ただ、省線電車が合同に参加するのであれば「次善策」として半官半民の特殊会社を設置しても構わないとし、みずから「東京交通株式会社」案を作成・公表した。これは東京駅を中心に半径三〇km圏内、具体的には横浜、原町田（現町田）、浅川（現高尾）、川越、大宮、粕壁（現春日部）、我孫子、千葉を結ぶ線内を営業区域とする、半官半民の経営体であった。資本金は九億円、大部分は合同する事業体の現物出資によることとし、その比率は政府二二％、東京市二五％、民間五三％とされた。経営のトップは総裁・副総裁とし、株主総会で選挙された候補者の中から政府が任命すること、利益処分や社債募集などには政府の認可を要することなどを骨子としていた。

交通事業調整委員会においても、途中まではこのような半官半民の企業体を設立する意見が優勢であり、五島の案に良く似た案が俎上にのぼっていた。(27)

だが、結果的にこれらの案は実現を見なかった。先に述べた省線電車の合同参加に対し、武蔵野鉄道の堤康次郎が強硬に反対したのである。これは三九年の末頃のことで、やがて五島もそれに倣った。こうして私鉄業者の反発に遭い、委員会は結局、全体を旧市内および郊外の地域ブロックに分け、それぞれのブロック内での統制を行なうという方針に転換した。(28)これは、諸派の主張を折衷したような策であった。旧市域内の市街電車とバスについては東京市へ統合し、一方で地下鉄は半官半民の特殊企業体（帝都高速度交通営団）を設立し、これに委ねることとなった。そして、郊外の各ブロックでは省線電車の参加が見送られる一方、民間事業者の経営権が温存されたのである。

東京の交通事業者は、三九年頃までに次のように資本系列化が進んでいた。すなわち、東武・根

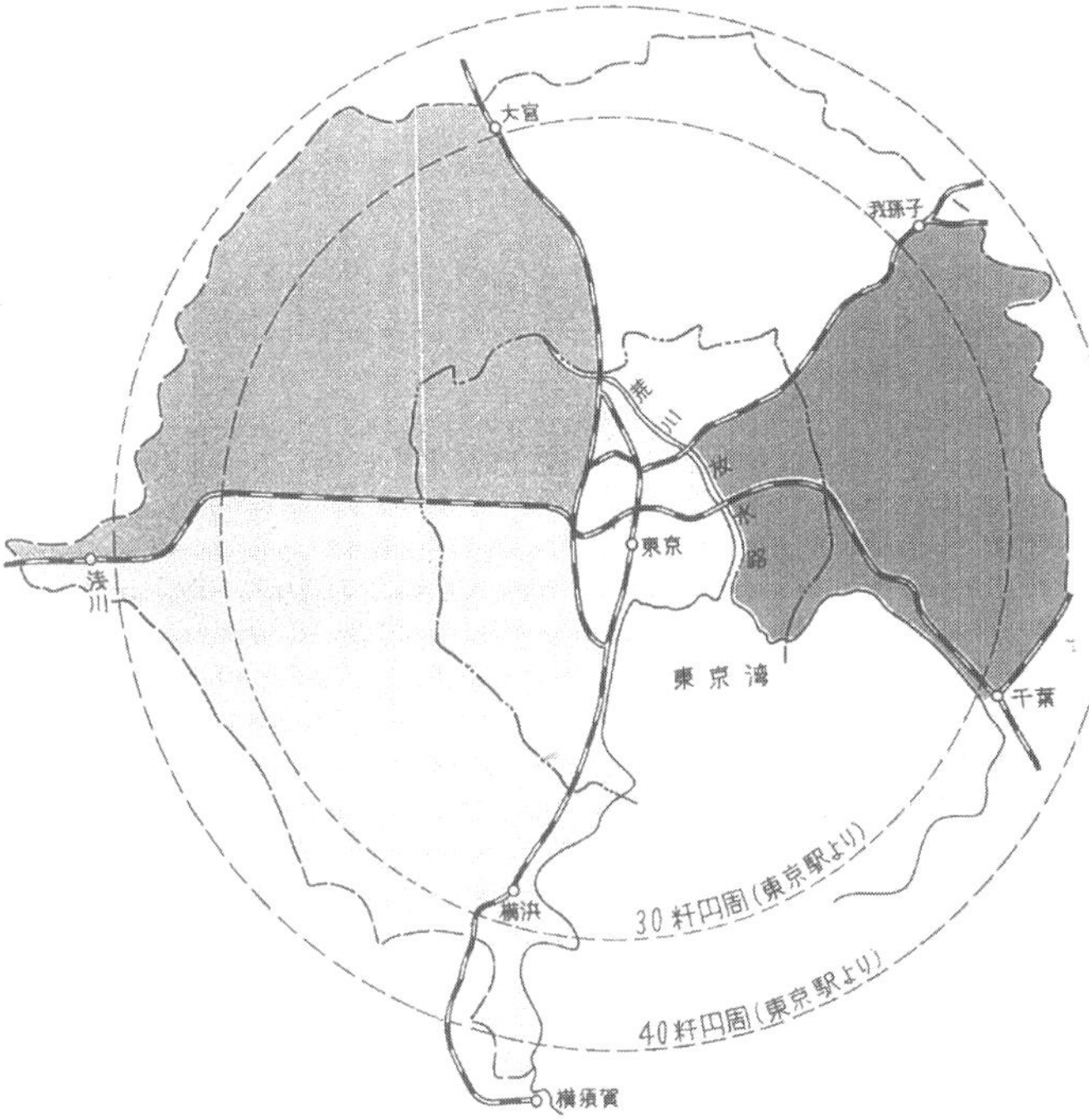

東京地方交通調整ブロック見取図

渡辺伊之輔『東京の交通』都政通信社、1954

津系列、東横・五島系列、大日本電力・穴水系列、鬼怒川水力電気・利光系列、東京電灯系列である。その他、京成電気軌道や城東乗合自動車などが系列外とみなされていた。地域ブロック別の統制がこれらの既得権益を温存したのかと言えば、必ずしもそうではなかった。各事業者はその後も相互に競争や経営権をめぐる駆け引きを展開し、その過程で大日本電力・穴水系や東京電灯系は解体し、穴水系だった西武鉄道は、東武系だった武蔵野鉄道とともに堤康次郎をトップに戴く有力企業集団となった。結果的に、前頁の図に示すように、東京横浜電鉄を中心とする南西ブロック、武蔵野鉄道・西武鉄道を中心とする北西ブロック、東武鉄道を中心とする北東ブロック、京成電気軌道を中心とする南東ブロックに分けて統合が進むことになったのである。

すでに池上電気鉄道を目蒲電鉄に合併していた五島は、三六年に玉川電気鉄道の経営権を握り、三八年にこれを東横電鉄に合併した。翌年には京浜電気鉄道、湘南電気鉄道の社長に就任するとともに、目蒲電鉄に東横電鉄を合併して両者を統合した（商号は東京横浜電鉄）。四一年には前年に帝都電鉄を合併した小田急電鉄の社長に就任した。そして四二年、東横、京浜（四一年に湘南電鉄を合併）、小田急を合併し、東京急行電鉄と商号を変更したのである。四四年には相手の抵抗をおして京王電気軌道を合併し、ブロック内統合を完成させた。この時期の東急は、「大東急」と通称される。

交通調整の成果はいかようであったのか。五島が述べたような規格の統一や直通運転の拡大は、戦後に持ち越されることとなったし、運賃制度の統一については、結局今日にいたるまで実現していない。調整＝統制の同時代的な意義は、戦時の資材難の中でそれらを相互に融通するための手段にとどまった。例えば玉川線（旧玉川電鉄）と品川線（旧京浜電鉄）との間で電動貨車を融通しあったり、資材難で工事が中断していた小田原線（旧小田急）柿生変電所新設工事に際し渋谷営業局から鉄材を融通したり、あるいは品川営業局の余剰架線を大井町線溝の口乗入改良工事に利用したり、といった具合である。その他にも、電力やタイヤ、燃料、レール、枕木の相互融通を行なった。小さなことかもしれないが、これらは統合をしていなければ困難であったか、できたとしても経済統制の下で煩瑣な手続きを経なければならなかったであろうから、統制が一定の効果を果たしたと言えないこともない。

すでに述べた通り、交通調整は第二次大戦が本格化する以前から論議されていた。戦後、営団や東京都交通局の関係者は交通調整を必ずしも戦時立法の一環ではなかったと評しているし、(29)研究者からも同様の指摘をする意見がある。(30)五島も、交通調整が第二次大戦以前からの課題であることは認識していた。

だが、その実行は戦時経済統制という時流の勢を得て行なわれた。小田急および京浜電鉄の合併申請書において、五島はその理由を「鉄道省ヨリノ慫慂《しょうよう》モアリ〔中略〕合併シテ経営方針ヲ一元化シ事業ノ合理化ヲ図リ帝都交通ノ円滑ナル運営ヲ期スルト共ニ極力人ト物ト費用トヲ節約シソノ余剰ヲ国家緊要ノ方面ニ提供セントス〔傍点引用者〕」(31)と説明しており、戦時経済統制に資する措置であることを付言した。このように時流に乗りつつ事業の拡大を実現したことは、戦後になって、それが戦時の特殊的な状況への対応であったのか否かという点が問われる遠因となった。大東急傘下の各支社は、合併が戦時の「変態的現象」であったとして独立を主張し、占領下の独占禁止法や過度経済力集中排除法といった、大企業に対する規制的な政策の時流に乗ってそれを実現した。(32)時流に乗って成立した大東急は、時流の中で解体に向かったのである。

おわりに

五島の事業拡大欲は大東急の成立後も衰えなかった。交通事業だけを見ても、戦時中に神奈川・静岡両県で事業の統合を進めるとともにその経営に携わり、さらに大陸進出をも視野に入れていた。戦後は、定山渓鉄道を足掛かりとした北海道進出が目立つほか、西武との「箱根山戦争」や、一九五九年八月一四日に迎えた死の間際まで伊豆半島への鉄道建設にかかわったことなどが良く知られている。

五島の任官から死去までの四十数年間に、都市における私鉄は、法制度も整わない状態から都市の経済活動に不可欠な要素にまで成長した。その変化は、まことに大きなものであったが、五島はこの全過程に、初期には官僚として、後には事業家として絶えずかかわっていたのである。

注

（1）『七十年の人生』七頁、『五島慶太伝』一八頁。
（2）『五島慶太の追想』（五島慶太伝記並びに追想録編集委員会、一九六〇年）三四九頁、小滝顕忠の述懐。
（3）『五島慶太伝』三二一〜三二三頁。

（4）『五島慶太の追想』八頁、河合良成の述懐。
（5）『五島慶太伝』三三頁。
（6）『五島慶太伝』三三～三四頁。
（7）『五島慶太伝』三六頁。
（8）当時の鉄道院高等官数については、嶋理人氏の御教示による。
（9）『五島慶太伝』二二五～二二六頁。
（10）『五島慶太伝』一九三頁。
（11）『帝国鉄道協会会報』第二四巻四号、一九二三年。
（12）『五島慶太伝』八五～八六頁。
（13）石井光次郎「ローマは一日にして成らず」（『五島慶太の追想』三三一～三三二頁）。
（14）『七十年の人生』二一頁。
（15）『七十年の人生』二四頁。
（16）鈴木勇一郎「東京における都市交通の成立と再編」（『鉄道史学』二二号）二〇〇四年。
（17）『東京急行電鉄50年史』東京急行電鉄、一九七二年。
（18）矢野一郎「小林さんの深謀遠慮」（『五島慶太の追想』二七～三〇頁）。
（19）猪瀬直樹『土地の神話』

(20)小野浩「戦間期における東京郊外私鉄の経営」(『立教経済学論叢』六五・六六号)二〇〇四年。
(21)『東京横浜電鉄沿革史』東京急行電鉄、一九四三年。
(22)高嶋修一「戦間期都市近郊における土地整理と地域社会―東京・玉川全円耕地整理事業を事例として―」(『歴史と経済』一八〇号)二〇〇三年。
(23)『多摩田園都市―開発三五年の記録』東京急行電鉄、一九八八年。
(24)『東京市の交通統制に就て』一九三九年。
(25)交通事業調整委員会諮問第一号特別委員会第四回小委員会議事速記録、一九三九年八月一五日(野田正穂・老川慶喜編『戦間期都市交通史資料集』第一～三巻、丸善、二〇〇三年版を利用。以下、交通事業調整委員会の議事については同様)。
(26)『東京市の交通統制に就て』
(27)交通事業調整委員会諮問第一号第八回特別委員会議事速記録、一九三九年一一月八日。
(28)交通事業調整委員会諮問第一号特別委員会第十五回小委員会、一九三九年一二月二〇日。
(29)『東京急行電鉄50年史』三七三頁。
(30)例えば野田正穂『戦間期都市交通史資料集』第六巻解題、丸善、二〇〇三年。
(31)鉄道省文書「東京横浜電鉄、京浜電気鉄道、小田急電鉄会社合併の件」所収、一九四二年二月七日(国立公文書館蔵、本館―3B―014―00・平12運輸02166100、『鉄道免許・東京急行電鉄十四・

昭和十六〜十七年』）

（32）大東急の解体はこれらの適用によって実現したものではないが、分社推進派はその存在を念頭におきながら分社化を主張した。

参考資料・文献

◉第一章

参考資料

交通協力会『交通新聞』一九五七年一〇月一三日号

逓信省鐵道局『鐵道附録』一八九九年

鐵道省編『日本鐵道史』全三巻、一九二一年

土木學會外人功績調査委員会編『明治以後本邦土木と外人』一九四二年

日本国有鉄道『日本国有鉄道百年史　通史』一九七四年

日本国有鉄道総裁室文書課『鐵道寮事務簿』

日本交通協会鉄道先人録編集部編『鉄道先人録』一九七二年

日本史籍協會編著『木戸孝允日記』東京大學出版会、一九六七年年

早稲田大学大学史資料センター編『大隈重信関係文書』みすず書房、二〇〇四年〜

R.Miles Frank, compiled by, *King's College School: Alumini, 1831~1866.*

Webb Cliff, *A Guide to London & Middlesex Genealogy & Records*, West Surrey Family History Society, 1994.

The Calendar of King's College, London, 1858.

Foreign Office List.
General Index to the Old Ordnance Survey Maps of London (Godfrey Edition) North-West London, compiled by George C. Dickinson.
The Minute of the Proceedings of the Institution of Civil Engineers.（ＰＩＣＥと略す）
Old Ordnance Survey Maps, the Godfrey Edition のうち the West End 1870, Notting Hill 1871, Holland Park & Shepherds Bush 1871.
A Preliminary Planning Report, prepared for the Federal Government of Sabah, 1975.

参考文献

青木栄一「人物紹介②エドモンド・モレル」（野田・原田・青木・老川編『日本の鉄道―成立と展開』）日本経済評論社、一九八六年
青木槐三「紅白の梅とモレルの墓」（『汎交通』七四巻五号）一九七四年
石井満『日本鐡道創設史話』法政大学出版会、一九五二年
上田廣『鉄道創設史傳』交通日本社、一九六〇年
大内兵衛・土屋喬雄編『明治前期財政經濟史料集成』一九六二～六四年、（『明治前期』と略す）
嘉本伊都子『国際結婚の誕生』新曜社、二〇〇一年

川上幸義『新日本鉄道史』鉄道図書刊行会、一九七七年
小松緑編『伊藤公全集』第一巻、伊藤公全集刊行會、一九二七年
沢和哉『鉄道に生きた人びと〔鉄道建設小史〕』築地書館、一九七七年
同編著『鉄道―明治創業回顧談』築地書館、一九八一年
反町昭治『鉄道の日本史』文献出版、一九八二年
武内博「我が国鉄道創設期に活躍した来日西洋人―鉄道技師E・モレルとH・N・レイを中心に」(『PINUS』一五号)雄松堂、一九八五年
同『横浜外人墓地―山手の丘に眠る人々』山桃社、一九八五年
武内博編『来日西洋人名事典』増補改訂普及版、平凡社、一九九五年
田中時彦『明治維新政局と鉄道建設』吉川弘文館、一九六三年
佃實男編『神奈川人物風土記』昭和書院、一九八三年。
南條範夫『旋風時代―大隈重信と伊藤博文』講談社、一九九五年
林田治男「土木学会のステータスと英国人鉄道技術者の動機」(『大阪産業大学経済論集』六巻一号)二〇〇四年
同「鉄道技師:モレルの経歴と貢献」(『大阪産業大学経済論集』七巻三号)二〇〇六年
原田勝正「モレル」の項(『国史大辞典』一三巻)吉川弘文館、一九九二年

同「モレル」の項（『日本近現代人名辞典』吉川弘文館）二〇〇一年

同「モレル」の項（『日本鉄道史　技術と人間』刀水書房）二〇〇一年

村松貞次郎『日本の近代化とお雇い外国人』日立製作所、一九九五年

森田嘉彦「明治鉄道創立の恩人　エドモンド・モレルを偲ぶ」（『汎交通』九七巻二号）一九九七年

八十島義之助「Edmond Morel（エドモンド・モレル）」（『土木学会誌』六八巻九号）一九八三年

山田直匡『お雇い外国人④交通』鹿島出版会、一九六八年

Aoki, Eiichi, “Edmund Morel; the Father of Japan’s Railway.” in *LOOK JAPAN*, Dec. 10, 1984.

Checkland, Olive, *Britain’s Encounter with Meiji Japan, 1868-1912*, Macmillan, 1989. 杉山忠平・玉置紀夫訳『明治日本とイギリス』法政大学出版会、一九九六年。

Evans, S.R. A.R.Zainal, R.W.K.Ngee, *History of Labuan*,1995.

Hall, Maxwell, *Labuan Story; Memoirs of a Small Island*, Chung Nam Printing Company, 1958

ICE (ed.),*The Education and Status of Civil Engineers, in the United Kingdom and Foreign Countries*. 1870.

Morita, Yoshihiko, “Edmund Morel, a British Engineer in Japan,” in *Britain and Japan: Bibliographical Portraits*, vol. 2, edited by Ian Nish 1997.

Tregonning, K.G. *Under Chartered Company Rule*, University of Malaya Press, 1958.

Wright, L.R. *The Origin of British North Borneo*, Hong Kong University Press, 1970.

◉第二章

犬塚孝明『密航留学生たちの明治維新』日本放送協会、二〇〇一年
井上勝「鉄道誌」、副島八十六編『開国五十年史』所収、開国五十年史発行所、一九〇七年
大蔵省編『工部省沿革報告』、『明治前期財政経済史料集成』第一七巻所収、一八八九年
柏原宏紀『工部省の研究』慶応義塾大学出版会、二〇〇九年
鈴木淳『工部省とその時代』山川出版社、二〇〇二年
鉄道省編『日本鉄道史』全三巻、鉄道省、一九二一年
中村尚史『日本鉄道業の形成　一八六九〜一八九四年』日本経済評論社、一九九八年
日本国有鉄道『日本国有鉄道百年史』第一〜第五巻、日本国有鉄道、一九六九〜七二年
日本国有鉄道編『工部省記録　鉄道之部』全一〇巻、日本国有鉄道、一九六二〜一九八〇年
野田正穂・老川慶喜編『日本鉄道史の研究』八朔社、二〇〇三年
原田勝正『鉄道史研究試論』日本経済評論社、一九八九年
松下孝昭『近代日本の鉄道政策』日本経済評論社、二〇〇四年
村井正利編著『子爵井上勝君小傳』井上子爵銅像建設同志会、一九一五年
山田直匡『お雇い外国人4　交通』鹿島出版会、一九六八年

山本弘文編『近代交通成立史の研究』法政大学出版局、一九九四年

◉第五章

老川慶喜『後藤新平の大陸政策と「東亜英文旅行案内」』(復刻版『東亜英文旅行案内・解題』、Edition Synapse、二〇〇八年)
岡本伸之「旅行案内書」(下中直人編『世界大百科事典』第二九巻)平凡社、二〇〇六年
北岡伸一『後藤新平』中公新書、一九八八年
後藤新平『日本植民政策一斑』拓殖新報社、一九二一年
小林道彦『日本の大陸政策　一八九五―一九一四　―桂太郎と後藤新平―』南窓社、一九九六年
立石駒吉編『後藤新平論集』一九〇八年
鶴見祐輔『正伝　後藤新平』第四巻、藤原書店、二〇〇五年①
鶴見祐輔『正伝　後藤新平』第五巻、藤原書店、二〇〇五年②
鉄道院編『西伯利鉄道旅行案内』一九一九年
信夫清三郎『後藤新平―科学的政治家の生涯―』博文館、一九四一年
南満州鉄道株式会社編『南満州鉄道株式会社十年史』一九七四年
御厨貴『時代の先覚者後藤新平　一八五七〜一九二九』藤原書店、二〇〇四年

◉第六章

伊藤常一編『京浜在住山梨県紳士録　昭和四年版』山梨県人社、一九二九年
老川慶喜「一九二〇年代東武鉄道の経営発展とその市場条件」（『交通学研究』一九八二年研究年報）一九八三年三月
老川慶喜『産業革命期の地域交通と輸送』日本経済評論社、一九九二年
老川慶喜「東武鉄道――根津嘉一郎と『東武沿線産業振興会』――」（青木栄一・老川慶喜・野田正穂編『民鉄経営の歴史と文化　東日本編』）古今書院、一九九二年
勝田貞次『大倉・根津コンツェルン』（『日本コンツェルン全書』X）春秋社、一九三八年
志木市『志木市史』通史編下（近代・現代）一九八九年
東武鉄道株式会社『東武鉄道六十五年史』一九六四年
中西健一『日本私有鉄道史研究――都市交通の発展とその構造――』増補版、ミネルヴァ書房、一九七九年
根津翁伝記編纂会『根津翁伝』一九六一年
根津嘉一郎『世渡り体験談』実業之日本社、一九三八年
松元宏「養蚕製糸業地帯における地主経営の構造――二百町歩地主根津家の場合――」（永原慶二・中村政則・西田美昭・松元宏『日本地主制の構成と段階』）東京大学出版会、一九七二年

森川英正『日本型経営の源流――経営ナショナリズムの企業理念――』東洋経済新報社、一九七三年
森川英正「いわゆる甲州財閥――株式投資家の群像――」（中川敬一郎・森川英正・由井常彦編『近代日本経営史の基礎知識』）有斐閣、一九七四年

◉第一〇章

エモリー・アール・ジョンソン著・木下淑夫訳『鉄道運輸原論』鉄道時報局、一九二一年〔Emory R. Johnson "Principles of Railroad Transportation" (1916 D. Appleton & Co.)〕
青木槐三『国鉄を育てた人々』交通協力会、一九五〇年
青木槐三『国鉄繁昌記』交通協力会、一九五二年
奥田晴彦『関西鉄道史』鉄道史資料保存会、二〇〇六年
第二高等学校史編集委員会『第二高等学校史』第二高等学校尚志同窓会、一九七二年
日本交通協会『鉄道先人録』日本停車場、一九七二年
『交通学説史の研究』運輸経済研究センター、一九八二年
『国鉄興隆時代　木下運輸二十年』日本交通協会、一九五七年
『第二高等学校一覧　自明治二七年至明治二八年』第二高等学校
『日本鉄道請負業史　明治篇』鉄道建設業協会、一九六七年

『日本国有鉄道百年史　第三、五巻』一九七一・七二年、日本国有鉄道
その他、『官報』の関連各号

老川慶喜　おいかわ・よしのぶ　1950生まれ。立教大学大学院経済学研究科博士課程単位取得退学。博士（経済学）。現在、立教大学経済学部教授。専攻は近代日本経済史。著書に『近代日本の鉄道構想』（日本経済評論社、2008年）、『阪神電気鉄道百年史』（日本経営史研究所、2005年）など。

齋藤晃　さいとう・あきら　1931年生まれ。慶応義塾大学経済学部卒業。日産自動車株式会社及びその関連会社に勤務。在学中、戦争のため休眠中の鉄道研究会を復活。そのOB会である鉄研三田会の事務局長、会長を経て現在相談役。主として蒸気機関車の機構面など技術史を研究対象とする。

藤井秀登　ふじい・ひでと　1966年生まれ。立教大学経済学部卒業、明治大学大学院商学研究科博士後期課程修了。博士（商学）。社日本交通公社（JTB）、明治大学商学部助教授などを経て現在、明治大学商学部教授。著書に『交通論の祖型：関一研究』（八朔社、2000年）、『現代の交通：環境・福祉・市場』（共著、税務経理協会、2000年）など。

西藤二郎　さいとう・じろう　1943年生まれ。1974年、同志社大学大学院商学研究科博士課程修了。現在、京都学園大学経済学部教授。著書に『京都・滋賀　鉄道の歴史』（共著、京都新聞社、1998年）、論文に「環境変化を活用する経営者：堤康次郎における草創期の箱根土地を中心として」（京都学園大学「経済学部論文集」2007年3月）など。

松本和明　まつもと・かずあき　1970年生まれ。明治大学大学院経営学研究科経営学専攻。博士後期課程中途退学。修士（経営学）。著書に、『北越製紙百年史』（共著、北越製紙株式会社、2007年）、『長岡砂利採取販売協同組合創立四十年史』（長岡砂利採取販売協同組合、2007年）、『進化の経営史』（共著、有斐閣、2008年）など。

高嶋修一　たかしま・しゅういち　1975年生まれ。東京大学大学院経済学研究科博士課程修了。博士（経済学）。現在、青山学院大学准教授。専攻は日本経済史。論文に「戦間期都市近郊における都市開発と土地整理—東京・玉川全円耕地整理事業を事例に—」（『社会経済史学』第69巻6号所収、2004年）、著書に『西日本鉄道百年史』（共著、2008年）など。

著者略歴

【編者】

小池　滋　こいけ・しげる　1931年生まれ。東京大学文学部卒業後、東京都立大学や東京女子大学で英語・英文学の教師を勤めた。専門の英文学関係の著書・邦訳書の他に『英国鉄道物語』（1977年）、『世界鉄道百科図鑑』（共訳、2007年）など鉄道関係の著書・訳書もある。鉄道を文化の一部としてとらえることを基本姿勢とする。

青木栄一　あおき・えいいち　1932年生まれ。東京教育大学大学院理学研究科博士課程（地理学）修了。理学博士。東京学芸大学名誉教授。日本地理学会名誉会員。鉄道史学会会長、歴史地理学会会長などを歴任。主として交通地理学の研究に従事。著書に『鉄道の地理学』（2008年）、『鉄道忌避伝説の謎』（2006年）など。

和久田康雄　わくだ・やすお　1934年生まれ。東京大学卒業後、運輸省、日本民営鉄道協会、日本鉄道建設公団などに勤務。著書に『人物と事件でつづる鉄道百年史』（1991年）、『やさしい鉄道の法規』（1997年）、『日本の市内電車1895～1945』（2009年）、訳書に『世界鉄道百科図鑑』（共訳、2007年）など。

【執筆者】（執筆順）

林田治男　はやしだ・はるお　1949年生まれ。大阪産業大学経済学部教授。組織と権限、英国人技師の経歴と貢献などを中心に、開闢期鉄道の資金調達、人材育成などを研究中。著書に『日本の鉄道草創期』（ミネルヴァ書房、2009年11月）。

星野誉夫　ほしの・たかお　1937年生まれ。東京大学大学院経済学研究科博士課程単位取得。1968年武蔵大学経済学部専任講師。現在、武蔵大学名誉教授。日本経済史専攻。井上勝関連論文は、野田正穂（他）編『日本の鉄道　成立と展開』（日本経済評論社、1986年）第2章など。

石本祐吉　いしもと・ゆうきち　1938年生まれ。1960年、東京大学工学部機械工学科卒業。同年川崎製鉄株式会社に入社。1995年、石本技術事務所開設。産業考古学会、鉄道史学会、赤門鉄路クラブ会員。著書に『鉄道車両のパーツ』（2004年）、『線路観察学』（2008年、いずれもアグネ技術センター）など。

小川功　おがわ・いさお　1945年生まれ。跡見学園女子大学マネジメント学部観光マネジメント学科教授。ニッセイ基礎研究所産業調査部長、九州大学客員教授、滋賀大学教授などを歴任。観光資本家の起業家精神を研究中。著書に『虚構ビジネスモデル――観光・鉱業・金融の大正バブル史』（日本経済評論社、2009年）など。

日本の鉄道をつくった人たち

2010年6月5日　第1刷

編　者　小池滋、青木栄一、和久田康雄
装　幀　桂川　潤
発行者　長岡 正博
発行所　悠　書　館
〒113-0033　東京都文京区本郷2-35-21-302
TEL 03-3812-6504　FAX 03-3812-7504
URL http://www.yushokan.co.jp/

印刷・製本：（株）シナノ印刷

ISBN978-4-903487-37-3
定価はカバーに表示してあります。